MANDAMIENTOS
IMPOSIBLES

CÓMO OBEDECER A DIOS
CUANDO NO PARECE POSIBLE

JONTY ALLCOCK

 Vida

La misión de Editorial Vida es ser la compañía líder en satisfacer las necesidades de las personas con recursos cuyo contenido glorifique al Señor Jesucristo y promueva principios bíblicos.

MANDAMIENTOS IMPOSIBLES
Edición en español publicada por
Editorial Vida, 2020
Nashville, Tennessee

Este título también está disponible en formato electrónico.

Originally published under the title:
Impossible Commands
© 2019 by Jonathan Allcock
Published by The Good Book Company
thegoodbook.com | thegoodbook.co.uk
thegoodbook.com.au | thegoodbook.co.nz | thegoodbook.co.in

Editora en Jefe: *Graciela Lelli*
Traducción: *Marvin Lorenzana*
Diseño del Interior: *Grupo Nivel Uno, Inc.*

ISBN: 978-0-82974-799-7
ebook: 978-0-82974-278-7

CATEGORÍA: Religión / Estudios Bíblicos / Guía de Estudios Bíblicos

IMPRESO EN ESTADOS UNIDOS DE AMÉRICA
PRINTED IN THE UNITED STATES OF AMERICA

20 21 22 23 24 LSC 9 8 7 6 5 4 3 2 1

CONTENIDO

Introducción:
¿Un sueño imposible?

Imagina una vida en la que obedecer a Dios fuera una fuente de alegría profunda y satisfactoria. Imagina una vida en la que la obediencia no fuera una carga, sino que se convirtiera en el deseo y el anhelo de nuestros corazones.

¿Suena eso como un sueño imposible?

Te sorprenderá saber que este es el tipo de vida que la Biblia nos anima a perseguir. Dios pone ante nosotros una vida de obediencia alegre (no miserable). Es por eso que encuentras a la gente diciéndole cosas como esta al Señor:

> *Tus estatutos son maravillosos;*
> *por eso los obedezco.* (Salmos 119:129)

La obediencia es impulsada por un entendimiento maravilloso de la bondad de los mandatos de Dios. El escritor de este salmo no obedece porque tiene que hacerlo, sino que lo hace porque quiere.

Sin embargo, probablemente no soy el único en descubrir que mi experiencia con la obediencia a menudo no es así. Sí, sé que se supone que debo obedecer a Dios, pero ahí es donde esto termina. Es algo que se *supone* que debo hacer.

Es como hacer ejercicio regularmente, comer alimentos sanos e ir al dentista.

Sé que debería hacer esas cosas, pero no están en mi lista de «cosas que me traen alegría». Trato de evitarlas. Las pospongo el mayor tiempo posible. Y, cuando la culpa se apodera de mí, hago lo mínimo necesario. Así que encuentro excusas o trato de redefinir las reglas para que «comida sana» signifique beber Coca-Cola dietética en lugar de la normal, y solo pueda comer pastel en los días que terminan con la letra «s».

Muchos cristianos viven sintiendo que deben obedecer a Dios, tratando de obedecer a Dios, pero encontrando que es imposible. Esto nos deja sintiéndonos abatidos y culpables, o trabajando duro en las excusas y la redefinición de las reglas para evitar esa culpa persistente.

Probablemente no necesites que te diga que esta es una forma de vida muy ingrata. Podemos adoptar rápidamente una mentalidad en la que nos definimos como «fallidos» en el área de la obediencia a Dios. Podemos ser bastante pesimistas y negativos con nosotros mismos. Los mandamientos de Dios solo nos hacen sentir mal.

Este libro trata de la obediencia, pero no de ese tipo de obediencia.

Quiero invitarte a repensar por qué obedecemos y cómo obedecemos. Sería genial pedirle a Dios que mueva la obediencia de la categoría etiquetada como «se supone que» y la transfiera a la categoría etiquetada como «quiero», y de «no puedo» a «estoy dispuesto».

Eso es lo que necesitamos. No simplemente un cambio en nuestro comportamiento, sino en nuestros deseos.

Vamos a ver que la obediencia realmente importa. No es bueno encogerse de hombros y usar la gracia de Dios como excusa para ignorar la realidad del pecado. Dios nos salva para que seamos obedientes. No obstante, tenemos que saber para qué tipo de obediencia nos ha salvado.

Imagina que estás empleado en un barco. Estás trabajando como un esclavo en la sala de máquinas donde hace calor y los gases del diésel te llenan los pulmones. El golpeteo de la maquinaria invade tus oídos y ahoga cualquier otro sonido. Apenas puedes respirar y sientes que te sofocas.

¿No es así como se siente a menudo la obediencia a Dios?

No tiene por qué ser así. Quiero invitarte a que salgas de la sala de máquinas y subas a la cubierta. Tenemos que respirar profundamente y llenar nuestros pulmones con la hermosa gracia de Dios. Respirar su amor y su perdón. Fija tu mirada en Jesús, el que murió para pagar por nuestra desobediencia. Siente su misericordia y aprobación.

Hay una manera de obedecer los mandatos de Dios y disfrutarlo. Y empieza por darte cuenta de que, cuando crees que esos mandamientos parecen imposibles, tienes razón, lo son.

1

Por imposible, quiero decir imposible

Hay algunas cosas en la vida que son difíciles.

Sería difícil meter un camello en la parte trasera de un coche familiar de tamaño mediano. Requeriría un poco de esfuerzo, un poco de sudor y mucha determinación. Sin embargo, creo que se puede hacer. Confieso que nunca lo he intentado, pero no está fuera de discusión.

Este libro no se trata de eso. No estamos hablando de algo que sea difícil.

¿Un camello a través del ojo de una aguja? Es un juego totalmente diferente. Está más allá del alcance no solo de la realidad, sino también de la imaginación humana. Ni siquiera el más optimista y entusiasta contorsionista de los camellos va a intentar hacerlo.

De eso se trata este libro. Estamos hablando de algo que es absoluta y totalmente imposible. Que está por completo fuera del alcance de la capacidad humana. Sé que suena extraño, pero, si alguna vez vamos a encontrar alegría en nuestra obediencia, debemos entender esto. La obediencia a los mandamientos de Dios es imposible para nosotros.

En el capítulo 10 de Marcos, Jesús usa esta imagen dramática para ayudar a sus discípulos a entender lo que significaba seguirle. Él dijo:

> *Le resulta más fácil a un camello pasar por el ojo de una aguja que a un rico entrar en el reino de Dios.* (Marcos 10:25)

Jesús no solo afirma que es difícil. Está indicando que es imposible. Hasta que no nos enfrentemos a esta imposibilidad, estaremos atascados en un ciclo interminable de esfuerzo, sudor, determinación y decepción.

SÍ, PODEMOS

Hay algo en nosotros que hace que no nos guste que nos digan que las cosas son imposibles. Vivimos en una cultura de «se puede hacer», con toda una generación que ha crecido con la idea de que podemos hacer lo que deseamos.

Numerosas voces nos dicen constantemente que no hay tal cosa que sea imposible. Puedes hacer lo que quieras hacer y puedes ser lo que quieras ser. Fui a una asamblea de la escuela primaria hace unos años para ver a uno de mis hijos cantar. Cantaban maravillosamente, con caras radiantes.

Con el corazón ansioso nos dijeron que podían hacer cualquier cosa —absolutamente cualquier cosa— siempre y cuando creyeran en sí mismos.

Esta es la cultura en la que vivimos. En la superficie, parece positiva y encantadora, pero en realidad resulta devastadora. Simplemente no es verdad. Y cuando fallamos, es culpa nuestra. Después de todo, teníamos el poder, solo deberíamos haber tenido más convicción.

Todos hemos escuchado al atleta olímpico que acaba de ganar el oro decir algo como: «Esto demuestra que cualquiera puede hacer cualquier cosa si tan solo lo cree».

Sin embargo, por supuesto que no demuestra eso. Para el único ganador, hay cientos que han fracasado. Cientos que han dedicado sus vidas a perseguir el sueño olímpico y no han alcanzado su meta.

Y muchos de nosotros nos acercamos a la vida cristiana con esta misma mentalidad. Creemos que deberíamos ser capaces de obedecer los mandamientos de Dios si tan solo nos esforzamos lo suficiente.

Así que nos pasamos nuestras vidas tratando de introducir al metafórico camello en la parte trasera del metafórico coche y sintiéndonos eufóricos cuando hacemos algún progreso y sin valor cuando la joroba aún sobresale por la ventanilla.

Creemos que podemos hacerlo. Nos dicen que podemos hacerlo. Sabemos que se supone que podemos hacerlo. Si no somos capaces de hacerlo hay algo malo en nosotros. De modo que todos fingimos que lo hacemos cuando en el fondo sabemos que no es así.

Esa es la locura de nuestras vidas. Es la esclavitud de lo imposible.

NO, NO PODEMOS

Solo Jesús puede romper este ciclo interminable. Él es mucho más directo con nosotros. Cuando se trata de Dios y su reino, no podemos hacerlo. Simplemente no podemos. No importa cuánto lo intentemos ni cuánto nos esforcemos, el camello no pasará por el ojo de esa aguja. Nos convencemos de que debe ser posible; pensamos que quizás somos la excepción. No lo somos.

Imaginamos que, si nos esforzamos un poco más, podemos obedecer a Dios, complacer a Dios y entrar en su reino.

Sin embargo, no podemos.

«Imposible» es una palabra que debe formar parte de nuestro vocabulario cristiano. No hablo de una negatividad derrotista y una mente pequeña. Hablo de una sinceridad realista y despiadada. Y he aquí por qué esto importa tanto: *es solo cuando abrazas la imposibilidad que estás camino a encontrar la verdadera libertad.*

Después de que Jesús nos explicara que era imposible para nosotros, ¿saben lo que dijo a continuación? Jesús no afirma que resulta imposible y, por lo tanto, es mejor que dejes de intentarlo. No dice que la imposibilidad lleva a la derrota. Al contrario, pronuncia estas profundas y magníficas palabras:

> *Para los hombres es imposible [...] pero no para Dios; de hecho, para Dios todo es posible.* (Marcos 10:27)

Ahí está. Ahí está la verdadera libertad de lo que significa ser cristiano. Enfrentarme francamente a la imposibilidad de mi propia obediencia no me lleva a la desesperación, sino al Dios que es capaz de hacer todas las cosas.

Eso es cierto para empezar la vida cristiana y también para cada acto de obediencia que llevamos a cabo al seguir a Jesús. Muchas de nuestras dificultades al vivir para Jesús provienen del problema fundamental de que creemos que podemos hacerlo. Pensamos que tenemos el poder dentro de nosotros. Nos ponemos a tratar de empujar al camello. En este libro vamos a ver que entender la imposibilidad es el primer paso hacia la obediencia.

UN HOMBRE QUE PIENSA QUE PUEDE

Retrocedamos un poco y veamos qué llevó a Jesús a usar una imagen tan llamativa.

Todo empieza con un hombre. Marcos no nos dice nada más que eso al principio de la historia. En el versículo 17 simplemente nos presenta a «un hombre».

Cuando Jesús estaba ya para irse, un hombre llegó corriendo y se postró delante de él.

—Maestro bueno —le preguntó—, ¿qué debo hacer para heredar la vida eterna? (Marcos 10:17)

El hombre hace un par de cosas muy bien.

Él quiere saber qué necesita hacer para ser parte del gran reino de Dios. Es bueno que se preocupe por el reino de Dios, puede ver que realmente importa. Dios está reuniendo todas las cosas de este mundo bajo su Rey designado, Jesús. Ese es el plan de Dios para el mundo y este hombre anónimo quiere saber cómo entrar en él.

Y es bueno que venga a Jesús. Claramente él ha entendido que hay algo en Jesús que resulta significativo.

El hombre se preocupa por lo correcto. Viene al lugar correcto.

Sin embargo, este hombre se equivoca en algo muy importante. Quiere saber lo que tiene que hacer. Tiene una visión elevada de su propia habilidad. Tiene mucha confianza en su poder para obedecer.

Así que ahí es donde Jesús empieza.

—¿Por qué me llamas bueno? —respondió Jesús—. Nadie es bueno sino solo Dios. Ya sabes los mandamientos: «No mates, no cometas adulterio, no robes, no presentes falso testimonio, no defraudes, honra a tu padre y a tu madre». (Marcos 10:18-19)

Jesús le muestra al hombre que Dios es el máximo estándar del bien y comienza a enumerar los mandamientos. El hombre permanece completamente imperturbable ante todo esto.

—*Maestro —dijo el hombre—, todo eso lo he cumplido desde que era joven.* (Marcos 10:20)

El hombre transpira su propia justicia. ¡Qué afirmación más asombrosa la que ha hecho! Ha trabajado duro; ha guardado las reglas; ha hecho todo lo posible. Todo se ve bien.

Pero Jesús ve las cosas de manera diferente.

AMOR

La siguiente oración es clave. Aquí está: *Jesús lo miró con amor.*

Este es el único hombre en todo el Evangelio de Marcos sobre el que se nos dice explícitamente que Jesús lo amó. Eso es sorprendente debido a cómo se ve el amor de Jesús en esta historia.

Jesús ama demasiado a este hombre para permitirle continuar en su pequeño mundo de sudor, trabajo duro y determinación. No está dispuesto a acariciar el ego del hombre y decirle lo maravilloso que es. En vez de eso, él emite una orden.

No es difícil entender lo que Jesús está diciendo. No está siendo impreciso ni ambiguo. No obstante, este mandato socava toda la base sobre la cual el hombre ha construido su vida. Aquí está el mandato:

Jesús lo miró con amor y añadió:
—Una sola cosa te falta: anda, vende todo lo que tienes y dáselo a los pobres, y tendrás tesoro en el cielo. Luego ven y sígueme. (v. 21)

No hay lugar para la negociación o la confusión. Esto es lo que Jesús requiere de este hombre. Debe venderlo todo.

Al oír esto, el hombre se desanimó y se fue triste, porque tenía muchas riquezas. (v. 22)

El hombre se da vuelta lentamente y comienza a alejarse. Solo en este punto de la historia Marcos nos ofrece una información crítica sobre este hombre: tenía muchas riquezas.

Es un momento muy conmovedor. Jesús ama al hombre y lo deja marchar. ¿Eso te sorprende? Jesús no persigue al hombre ni disminuye el requisito. No negocia ni se conforma con una cifra que el hombre estaría dispuesto a dar.

Jesús lo exige todo. Esa es la orden y no hay vuelta atrás.

Este mandato resulta imposible. No es solo difícil. No estamos en el reino de meter camellos en los coches. No, era imposible. Y se suponía que debía serlo.

EL REQUISITO ES DEMASIADO ELEVADO

¿Por qué Jesús elevaría tanto el requisito? ¿Por qué Jesús exigiría algo que no se puede hacer? No es porque sea cruel y duro, sino precisamente porque ama a este hombre.

El hombre había reducido los mandatos de Dios a algo que podía lograr. Tenía una visión de la palabra de Dios que estaba dentro de su poder. *Sí, puedo hacerlo.*

Sin embargo, ahora se enfrentaba a algo que estaba absolutamente más allá de él. El mandato que Jesús le dio no era para que el hombre dijera: «Sí, está bien. Puedo hacerlo. Iré y lo regalaré todo».

Al contrario, el mandato que Jesús le dio ese día estaba diseñado para exponer que el hombre no podía hacer lo que pensaba que podía. Su corazón se hallaba absolutamente cautivado por el dinero. Su dinero era su dios. Lo tenía fuertemente agarrado. Jesús lo sabía y, debido a que amaba a ese hombre, quería que él lo supiera también. Sería un error pensar que Jesús esperaba que esa persona fuera e hiciera lo que él decía. Esa no era la intención de la orden.

La respuesta correcta a la orden debía ser caer de rodillas y con una voz temblorosa pronunciar las palabras: «No puedo hacerlo». Solo entonces, con su confianza en sí mismo hecha jirones y su corazón expuesto, estaría listo para recibir el reino de Dios como un niño (Marcos 10:15).

NO PUEDO HACERLO

Estas son palabras muy difíciles de decir para nosotros. Pero son palabras esenciales que el cristiano tiene que aprender. Nuestra inclinación natural a decir «puedo» necesita ser expuesta. Nuestros corazones seguros de sí mismos necesitan ser desafiados. No porque Jesús sea duro y cruel, nunca lo es, sino precisamente porque nos mira con amor.

Jesús nos ama demasiado para acariciar nuestros egos y decirnos lo fabulosos que somos. En vez de eso nos, da órdenes que exceden nuestra capacidad de obedecer *para llevarnos a él*.

El primer paso para aprender a obedecer a Dios es entender con una claridad cristalina absoluta que NO PUEDO hacerlo. No puedo obedecer a Dios. (Por cierto, antes de que cierres este libro y te rindas, este no es el único paso. Vamos a ver que podemos empezar a obedecer a Dios. Hay más pasos por venir, pero comienza aquí).

No se supone que tomemos los mandamientos de Dios y trabajemos en una estrategia para hacerlos posibles. Si lo intentamos, inevitablemente reduciremos sus mandatos y, en lugar de obedecerle, obedeceremos nuestra interpretación de sus órdenes para que luego podamos darnos palmadas en la espalda y sentirnos bien con nuestra obediencia. Esa es la clásica religión hecha por el hombre y es profundamente ofensiva para Dios.

Los mandamientos de Dios no deben ser abordados con una actitud de «se puede hacer». Cuando nos encontremos con los mandatos de Dios, descubriremos que siempre están más allá de nuestra capacidad natural de obedecer.

En lugar de asustarnos, o tratar de encontrar una laguna jurídica, o reinterpretar el mandato de una manera más realista, tenemos que dejar que Jesús nos confronte con la pura imposibilidad.

Piensa en lo que Jesús le dijo a ese joven rico.

Cuando él le dice: «Anda, vende todo lo que tienes y dáselo a los pobres», podemos descubrir que nuestra reacción inmediata es: *por supuesto que Jesús no quiere decir que yo deba hacer eso. Sería ridículo y poco práctico. Él únicamente estaba hablando con ese hombre. Esto solo significa que debería ser más generoso. Sí, creo que puedo arreglármelas para ser un poco más generoso. Intentaré dar un poco más de dinero esta semana. Genial, bien hecho.*

No. Ese es precisamente el problema. Creemos que podemos hacerlo. Encontramos una solución para obedecer los mandatos, pero no le estamos obedeciendo en absoluto.

En lugar de eso, detente y siente el peso de las órdenes que Jesús da. Siente la forma en que el dinero tiene poder sobre tu corazón. Deja que los mismos mandamientos de Jesús te expongan. Cada orden que se encuentra en las páginas de la Biblia tendrá ese efecto en nosotros si nos detenemos y escuchamos. No huyas de eso. No se siente cómodo; no nos da una sensación cálida y placentera sobre lo grandes que somos, pero es allí, en ese lugar de debilidad, donde realmente aprenderemos a susurrar estas dos palabras. *No puedo*.

Y eso honra a Dios más de lo que nunca sabrás. Es el primer paso en el camino hacia una obediencia alegre, profunda y satisfactoria.

Solo el primer paso...

2

¡LÁZARO, SAL FUERA!

En la red ferroviaria subterránea de Londres hay tres rieles por los que circulan los trenes. Dos de ellos son para las ruedas del tren, un procedimiento bastante estándar de las vías férreas. Pero luego está el tercer riel. El riel que lleva la energía para hacer que el tren se mueva. Sin el tercer riel, el tren no va a ninguna parte. Simplemente permanecerá en la estación. La vía se extiende en la distancia ofreciendo un mundo de oportunidades, pero sin ningún tipo de energía, el tren simplemente no puede alcanzar su potencial.

¿Cuál es el tercer riel en la vida del cristiano? Cuando decidimos confiar en Jesús y seguirlo, descubrimos que él pone ante nosotros una nueva vida para ser vivida. Una nueva dirección, nuevas prioridades, nuevos mandamientos que obedecer, nuevas vías para que nuestras vidas corran.

Sin embargo, ¿de dónde viene el poder para obedecer los mandatos de Dios y vivir esa nueva vida? Eso es lo que estamos explorando en este capítulo. Y es crucial para nuestra visión de la obediencia.

RECONOCE LA BRECHA

A veces abrimos una brecha entre el evangelio y la obediencia. Vemos una y otra vez en las páginas de la Biblia que Jesús nos salva (lo cual hace), no porque obedezcamos las reglas de Dios (lo cual no podemos hacer), sino por su gracia (lo cual es impresionante). Por ejemplo, esto está claro como el cristal en Tito 3, donde dice:

> *Él nos salvó, no por nuestras propias obras de justicia, sino por su misericordia. Nos salvó mediante el lavamiento de la regeneración y de la renovación por el Espíritu Santo.* (Tito 3:5)

No obstante, todo esto significa que podemos confundirnos sobre qué es la obediencia y por qué es importante. ¿Necesito obedecer los mandamientos de Dios o no?

¿Dónde encaja la obediencia? El peligro radica en que asumimos que la obediencia es nuestra parte del trato. Dios nos salva y luego, para mostrarle lo agradecidos que estamos, nos esforzamos por cumplir sus órdenes. Tenemos la sensación de que debemos obedecerle después de todo lo que ha hecho por nosotros.

Sin embargo, cuando tratamos de obedecer, descubrimos que no podemos, y entonces podemos terminar sintiéndonos desesperadamente culpables.

Sentimos como si los mandamientos de Dios estuvieran en nuestra contra. Son palabras que están en una página condenándonos y señalando nuestro fracaso. Nos sentimos inútiles al leerlos y nos hallamos de nuevo en el ciclo implacable de tratar desesperadamente de encontrar alguna manera de obedecer. Es difícil entusiasmarse con la obediencia.

Puede parecer que los mandatos de Dios son los dos rieles que me muestran cómo se supone que debo vivir, pero me falta el poder para hacer que el tren se mueva. Podemos rápidamente llegar a sentirnos resentidos con las órdenes de Dios.

¿Te suena familiar?

EL TERCER RIEL

No obstante, ¿qué tal si los mandatos de Dios son más que eso? ¿Y si los mandamientos de Dios no son solo reglas, sino *parte* de la buena vida que Dios tiene para nosotros? ¿Y si estas palabras no son solo letra muerta en una página, sino que están vivas y son poderosas para producir un cambio real? ¿Y si el poder de obedecer se encuentra dentro de los propios mandamientos?

Eso constituiría un cambio de rumbo radical. Eso llevaría a una visión completamente diferente de la palabra de Dios. Tal vez incluso podríamos empezar a descubrir la realidad de una obediencia gozosa.

Empiezan a cobrar sentido las palabras del escritor de Salmos 119:

¡Cuánto amo yo tu ley! (Salmos 119:97)

Esto va a requerir que pensemos mucho sobre la naturaleza de Dios y sus palabras. Esta es la gran idea que vamos a tratar de entender aquí:

Para un seguidor de Jesús, los mandamientos de Dios vienen acompañados del poder para lograr la obediencia que estos requieren.

Me doy cuenta de que puede parecer una forma extraña de decirlo, pero no dejes que eso te desanime. En realidad, no estoy diciendo nada muy extraño. Es lo mismo que decir que Dios nos da el poder para obedecer sus órdenes. O que el Espíritu Santo es el que le da poder a nuestra obediencia. El tercer riel no se encuentra en nosotros mismos, sino en *Dios*.

Sin embargo, quiero insistir en que hay algo en los propios mandamientos que debería darnos una gran esperanza. Esto importa, porque creo que a menudo sentimos como si las palabras de Dios estuvieran en nuestra contra. Nos condenan. Se oponen a nosotros.

REGLAS

Después de todo, esa es nuestra experiencia normal con las reglas. Los límites de velocidad en las carreteras, las reglas en el deporte y las complejas leyes fiscales que tenemos que obedecer... todos ellos están establecidos esperando que nos pasemos de la raya para poder condenarnos. Por lo tanto, es muy natural ver los mandatos de Dios precisamente de la misma manera.

Y seamos claros: *antes de llegar a Jesús* los mandamientos de Dios realmente funcionaban así.

La ley de Dios muestra nuestro pecado. Revela cuán a menudo fallamos. Resalta cuánto merecemos el castigo y cuánto necesitamos a Jesús.

Cuando las personas se niegan a obedecer las palabras de Dios, eso no significa que sean impotentes y que fallen. Están haciendo lo que Dios pretendía que hicieran y exponiendo el problema en nuestro corazón. Esto está en contra de nosotros.

La ley de Dios hace muy obvio que no podemos salvarnos a nosotros mismos, por mucho que lo intentemos.

Solo Jesús ha vivido una vida de obediencia perfecta y, por lo tanto, solo Jesús puede salvarnos. Él caminó voluntariamente hasta la cruz, donde murió por nuestro fracaso. Recibió el castigo por nuestra desobediencia. Nuestra esperanza no está en *nuestra* obediencia, sino en la *suya*. Nos salvamos no porque obedezcamos las reglas, sino porque confiamos en él.

Él obedeció todas las leyes de Dios para nosotros y su perfecto historial de obediencia lo toma Dios como nuestro. No solo perdona nuestros pecados, sino también nos da su justicia perfecta. Nuestra obediencia no aporta nada. Nunca podría y no necesita.

No obstante, cuando Dios nos salva, se produce un cambio notable en la función de la ley de Dios. Aquí está lo crítico para nuestra obediencia: cuando nos convertimos en hijos de Dios por la fe, los mandamientos de Dios adquieren una nueva naturaleza. En lugar de ser un recordatorio constante de nuestro fracaso abyecto que se nos opone, se convierten en las palabras de amor de un Padre que está *a favor de* nosotros.

Ahora, los mandamientos de Dios van acompañados del poder de Dios para permitir nuestra obediencia.

Tenemos que pensar en eso con un poco más de cuidado para ver lo que está sucediendo.

PALABRAS DE PODER

Las palabras de Dios no son como las mías. Mis palabras tienen un poder muy limitado.

Cuando doy una orden, esta expresa mi deseo. Sin embargo, a menudo mi orden es absolutamente impotente para lograr lo que he ordenado.

Esto está muy claro para mí en mi papel de padre. Cuando mis hijos eran pequeños, yo daba una orden. «Por favor, póngase los zapatos». La orden expresaba un deseo muy real (y cada vez más urgente, incluso rozando la desesperación). Realmente quería que mis hijos se pusieran los zapatos. No obstante, mis palabras no tenían el poder de provocar el acto de ponerse los zapatos. Hay una debilidad inherente en mis palabras humanas.

Las palabras de Dios no son así. Las palabras de Dios vienen con poder. Dios no expresa simplemente un deseo que requiere un poder externo para llevar a cabo ese acto. La orden misma implica el poder de Dios para provocar el cambio.

Expresándolo de otra manera, Dios no es un padre frustrado sentado en el cielo pidiéndoles a sus hijos que se pongan los zapatos y esperando desesperadamente que encuentren una manera de obedecerle. Ese no es el Dios de la Biblia. Sí, es cierto que actuamos como niños traviesos que se niegan a escuchar a Dios, pero sería un gran error pensar que las palabras de Dios son tan impotentes como las mías. Algo mucho más grande está sucediendo. El problema no es ciertamente una falta de poder en el mandato de Dios.

Piensa en el comienzo mismo de la Biblia. La creación comienza con un mandato: «¡Que exista la luz!». Cuando Dios emitió ese mandato, no estaba expresando un deseo general de que alguien en algún lugar encendiera algunas luces. No estaba poniendo dos rieles esperando que el poder para hacerlo apareciera de alguna parte. Su orden está acompañada por su poder para crear la luz. Esto es majestuoso. Como Dios lo ordenó, así llegó a ser.

> Y dijo Dios: «¡Que exista la luz!» Y la luz llegó a existir.
> (Génesis 1:3)

No se requería un poder externo; la palabra de Dios lo hizo todo. La luz no tenía que ponerse sus propios zapatos. El mandato de Dios era suficiente para hacer el trabajo.

Así es como son las órdenes de Dios. Realmente tienen el poder de hacer las cosas.

PODER ILIMITADO

¿Por qué las palabras de Dios tienen esa cualidad? A riesgo de afirmar lo obvio, es porque son las palabras de Dios.

Mis palabras son *mis* palabras y por lo tanto, tienen un poder limitado. Pueden hacer algunas cosas, pero a menudo fallan porque no tengo el poder.

Las palabras de Dios son las palabras *de Dios* y por lo tanto, tienen un poder ilimitado. No se puede separar las palabras de la persona que las dice. Las palabras son una extensión de lo que somos y así ocurre con Dios.

Si la palabra de Dios alguna vez fallara, significaría que Dios ha fallado. Él ya no sería Dios.

Esto es algo muy importante.

Salmos 33 lo expresa de esta manera:

Por la palabra del Señor fueron creados los cielos, y por el soplo de su boca, las estrellas. (Salmos 33:6)

Nota que el poder para hacer los cielos se atribuye a la palabra de Dios. Hay poder en el mandato del Rey. Pero eso no es todo. En la segunda mitad del versículo, el poder creativo también se asocia con el soplo de su boca. La palabra para «soplo» en hebreo es la misma palabra que «Espíritu». Así que el Espíritu de Dios, que «se movía sobre la superficie de las aguas» en Génesis 1:2, es el poderoso Espíritu que crea este mundo.

Cuando juntas todo esto, descubres que la palabra de Dios tiene poder precisamente porque el Espíritu de Dios está trabajando a través de esa palabra exhalada. El Espíritu de Dios es el poder que acompaña a la palabra de Dios y logra los propósitos de Dios.

Eso es lo que ocurre con todos los mandamientos de Dios. Aquí está el tercer riel que hace posible la obediencia.

El poder de Dios, que acompaña a su palabra por medio del poder del Espíritu Santo.

Podemos ver que esto sucede exactamente de la misma manera en la vida de Jesús...

ÉL ESTÁ MUERTO

Un día, Jesús fue a la tumba de su amigo íntimo, Lázaro. El hombre llevaba cuatro días muerto. Jesús lo sabía. Las hermanas lo sabían. La multitud lo sabía. Sin embargo, Jesús está a punto de mostrarles algo que necesitan saber desesperadamente. Él se acerca a la entrada de la tumba. Les dice que quiten la piedra, pero la gente no está segura. No hay vida allí, solo hay oscuridad y muerte. Es mucho mejor dejarla cubierta. Pero Jesús insiste y la piedra es removida.

Entonces Jesús da la orden.

¡Lázaro, sal fuera! (Juan 11:43)

Es un mandamiento imposible. No hay forma de que Lázaro pueda obedecer esa orden. Está muerto. En cierto sentido se podría decir que la orden es en contra de Lázaro. Lo expone como alguien completamente impotente. Coloca los rieles, pero parece inútil.

Y, sin embargo, Jesús da la orden. Es un momento poderoso.

Puedes imaginarte el silencio aturdidor, unas cuantas toses nerviosas, el movimiento de las cabezas ante las ridículas palabras que Jesús ha dicho. Lázaro no puede salir; está muerto. Esto es incómodo.

No obstante, luego lo escuchan. Pueden oír que algo está pasando en la oscuridad de la tumba. Algo se está moviendo allí. Al principio, tal vez piensan que lo están imaginando, pero pronto se vuelve innegable «el muerto salió» (v. 44).

¡Vaya! La orden no era en absoluto en contra de Lázaro. Era *a favor* de él.

Todo lo que hizo Jesús fue hablar. Todo lo que hizo fue dar una orden. Es esa orden la que tiene el poder de hacer realidad lo que se ha ordenado. El poder está en la palabra, en el mandamiento de los labios de Jesús.

Es la misma palabra que ordenó la existencia de la luz en el principio. Es la misma palabra que derrotó a los ejércitos y separó las aguas. La misma palabra que levantó reyes y derribó gobernantes.

Todo el poder de Dios se concentró en ese mandato.

¿DÓNDE ESTÁ EL PODER?

Por supuesto, se podría decir que el poder para levantar a Lázaro de los muertos se encuentra en Jesús. Eso sería absolutamente cierto. También se podría decir que el poder para levantar a Lázaro proviene del Espíritu Santo. Es un tema repetido en el Evangelio de Juan (por ejemplo, Juan 6:63) que el Espíritu de Dios da vida. Sin embargo, también sería cierto decir que el *mandamiento* de Jesús le dio vida a Lázaro. El poder está en sus palabras. Jesús tiene palabras de vida eterna (Juan 6:68).

Piensa en lo que eso implica para nuestro tema sobre la obediencia. ¿Obedeció Lázaro el mandato? Sí. Él salió. Pero solo un tonto felicitaría a Lázaro por su destacada obediencia. Él obedeció, pero el poder para la obediencia se encontraba en las palabras de Jesús.

Lázaro no necesitó buscar dentro de sí mismo, lo cual, admitámoslo, le habría sido difícil. La palabra de Jesús hizo todo el trabajo y le dio poder a la obediencia de Lázaro. Ahí está el tercer riel.

PODRÍAS SER TÚ

La historia de Lázaro es dramática, pero también es la historia de cada cristiano. Por naturaleza estábamos muertos en nuestro pecado, estábamos lejos de Dios, estábamos sumidos en la oscuridad de la muerte y no podíamos salvarnos. En ese momento, la palabra de Dios no estaba a favor de nosotros, sino en contra nuestra. Esta expuso nuestra desesperada situación.

Sin embargo, luego todo cambió. El poderoso mandato de Jesús atravesó la oscuridad. Al escuchar la palabra de Dios, se nos dio el poder de hacer algo que no podíamos hacer por nuestra cuenta. El Espíritu Santo obró en nuestros corazones y nos permitió obedecer el mandato.

¡Arrepiéntanse y crean las buenas nuevas! (Marcos 1:15)

No puedes hacer eso. Y, sin embargo, si eres cristiano hoy en día, ya lo hiciste. Ese es el milagro de convertirse en cristiano. Es algo completamente extraordinario.

Al igual que en el caso de Lázaro, comienza con una orden imposible que se nos ha dado el poder para obedecerla. No tenemos el crédito por eso. ¿Cómo podríamos tenerlo? Todo el poder estaba en el mandato de Jesús que nos dio la vida.

Y ASÍ SIGUE...

Podríamos tener claro que necesitamos un milagro para obedecer ese primer mandato de Jesús. No obstante, ¿te das cuenta de que se necesita un milagro cada vez que obedeces? Jesús no nos da una nueva vida y luego nos entrega una vida entera tratando de obedecer. No nos da el libro de reglas y nos dice que lo intentemos.

No. La obediencia a las órdenes de Dios sigue siendo imposible con nuestro propio poder. Si tratamos de vivir la vida cristiana de esa manera, entonces los mandamientos de Dios permanecerán como reglas muertas en una página que se cierne sobre nosotros y nos hace sentir culpables. Podemos fácilmente desconectar el evangelio de la obediencia. Tenemos la oportunidad de obedecer, pero progresamos muy poco. Nos sentimos culpables. Nos sentimos como si estuviéramos defraudando a Dios. Estamos abatidos por un continuo flujo de *debería* que se acumulan y nos agobian.

> *Deberías orar más.*
> *Deberías dar más.*
> *Deberías hablarles a más personas sobre Jesús.*
> *Deberías...*

Además, los *no debería* se sienten igual de pesados.

> *No deberías sentirte así.*
> *No deberías querer eso.*
> *No deberías comportarte así.*

No es para eso que Jesús nos salvó. Él nos salvó absolutamente para la obediencia, pero no para ese tipo de obediencia. Es mucho mejor que eso.

Jesús me ha dado una nueva vida, y así los mandamientos que una vez me condenaron ahora vienen con toda la fuerza del poder de Dios para permitir mi obediencia.

El poder de obedecer se encuentra dentro de los mandamientos que Dios ha dado. Su palabra tiene poder.

O, para decirlo de otra manera, el poder de obedecer viene del Espíritu Santo de Dios, que toma la palabra de Dios y me permite obedecer.

LA ESPERANZA AUMENTARÁ

Por lo tanto, cada mandato que leemos debe hacer que la esperanza aumente dentro de nosotros mientras clamamos a nuestro Padre por el poder para obedecer. Esa frase era importante. Constituye la esencia de lo que trata este libro.

Cada mandamiento que leas en la Biblia debe hacer que la esperanza aumente dentro de ti al clamar a tu Padre por el poder para obedecer.

Ahora, la vida cristiana toma una nueva forma. La obediencia no es ahora una carga que deba cumplir, sino una oportunidad de experimentar el poder de Dios para permitirme hacer lo imposible. No es una norma que esté fuera de mi alcance, sino una descripción de lo que Dios está haciendo en mí por medio de su poder.

Los mandamientos de Dios vienen con una promesa y el poder está incluido en ellos, lo cual significa que podemos obedecer. La palabra de Dios es el tercer riel que permite nuestra obediencia. Ese poder viene cuando el Espíritu Santo acompaña a la palabra de Dios y trae vida. Debido a esto, la obediencia puede convertirse en nuestro deleite.

Seguiremos fracasando. Fallamos cada vez que intentamos obedecer con nuestras propias fuerzas. Fallamos cada vez que nos enorgullecemos y dependemos de nosotros mismos. Fallamos cada vez que empezamos a pensar que los mandatos de Dios son desagradables y mezquinos.

Fracasaremos cuando la palabra de Dios no sea un deleite para nosotros.

Sin embargo, en cada ocasión que fallamos, hay perdón. El Señor Jesús tuvo que morir porque no podemos obedecer completamente. Escuchamos su preciosa voz. Volvemos a él de rodillas y le pedimos el poder para intentarlo de nuevo.

Esta es una oración que le encanta responder.

DESLÍZATE SOBRE LAS OLAS

El surf es un misterio para mí. He pasado muchas horas intentándolo, pero dudaría en afirmar que soy un surfista. Sé lo que se siente cuando ves venir la ola perfecta. La sensación de puro regocijo cuando te lanzas hacia adelante y el poder de la ola te recoge y te lleva. Ese es el sueño. Ha ocurrido una o dos veces en mi vida.

Sin embargo, la mayoría de las veces mi experiencia es así: veo venir la ola, me lanzo hacia adelante, remo tan fuerte como puedo, me preparo para saltar sobre mis pies... y la ola pasa a mi lado, burlándose de mí por mi incompetencia.

Me sorprende que una actividad que hace que algunas personas parezcan tan hábiles y geniales me haga parecer totalmente torpe y desesperado. No pasa mucho tiempo antes de que mi entusiasmo por el surf se convierta en desesperación.

La obediencia puede sentirse así.

De vez en cuando, experimento una ola de obediencia. Escucho una charla o leo algo y me siento inspirado y decidido a obedecer. Veo la ola venir. Puedo ver que es buena y por eso remo con todas mis fuerzas. Lo intento de verdad. Estoy lleno de esperanza con respecto a que las cosas van a cambiar, y estoy listo para saltar sobre mis pies. *Sí, Señor, haré lo que tú digas.* Pero entonces la ola parece pasar y vuelvo a donde empecé, y nada ha cambiado en absoluto.

No tardo mucho en volverme cínico y rendirme. Otros parecen lograr que parezca fácil y, sin embargo, yo me siento como un completo desastre. Vuelvo a mi vida con pocas esperanzas de que algo vaya a cambiar seriamente. Hasta que veo venir otra ola, mi esperanza aumenta, y el ciclo comienza de nuevo. No creo que sea el único al que le sucede esto.

DIOS TIENE ALGO MEJOR PLANEADO

Si eres un surfista frustrado, te esforzarás más... o te rendirás. Si eres un obediente frustrado, te esforzarás más... o te darás por vencido.

Algunos de nosotros nos acercaremos a la obediencia con la resolución y la autodeterminación de que podemos hacerlo. Remamos tan fuerte como podemos. Hacemos el esfuerzo. El problema es que nuestros brazos se cansan pronto, nuestra resolución se agota y la ola pasa. Seguimos intentándolo y remando, pero se siente como un trabajo arduo. Nos enorgullecemos de lo fuerte que remamos. Encubrimos nuestros fracasos porque nos gusta que nos conozcan por nuestra piedad y tenemos una reputación que mantener. Pensamos en la obediencia como un deber.

¿Puedes identificarte con esto? Yo puedo. Si es así, entonces, por favor, escucha: *Dios tiene algo mucho mejor planeado para ti.* El trabajo arduo puede ayudarte a progresar en una tabla de surf, pero el trabajo arduo por sí solo no te ayudará con la obediencia.

Por otro lado, algunos de nosotros nos acercamos a la obediencia con una actitud derrotista que ha abandonado toda esperanza de obedecer seriamente los mandatos de Dios. Cuando lo intentamos y fracasamos, decidimos que no hay esperanza y que nunca vamos a cambiar. Los mandamientos de Dios nos hacen sentir culpables y sabemos que deberíamos esforzarnos más. Sin embargo, ¿qué sentido tiene? Vemos las olas ir y venir, y no hacemos ningún intento por subirnos a ellas. Estamos en un estado de «balanceo». Las charlas vienen, los libros van, nos balanceamos hacia arriba, nos balanceamos hacia abajo, y eso produce muy pocos cambios. He perdido la cuenta del número de veces que me he sentado y orado al final de un servicio de la iglesia y me he sentido muy decidido a obedecer. No obstante, la ola parece pasar de largo junto a mí.

Si ese eres tú, entonces, por favor, escucha esto: *Dios tiene algo mucho mejor planeado para ti.*

Realmente hay un camino mejor.

CUATRO PASOS PARA EL GOZO

Aquí hay cuatro pasos que pueden empezar a movernos en la dirección de la obediencia gozosa. Por favor, sigue recordando que el gozo es la meta aquí. No se trata solo de la obediencia, sino de la *obediencia gozosa.*

El peligro de establecer esto como cuatro pasos radica en que podríamos empezar a pensar que es una técnica que somos capaces de dominar. Me deslizo muy fácilmente hacia esa trampa. Sin embargo, no estoy sugiriendo que la obediencia sea un simple proceso de seguir pasos.

Aprender a obedecer gozosamente los mandamientos de Dios consiste en tener una relación con el Dios que nos hizo, que nos ama, el Dios que permite nuestra obediencia a fin de que podamos convertirnos en las personas que ideó que fuéramos.

La obediencia tiene que ver con nuestra relación con Dios, pero estos pasos nos ayudan a ver lo que eso puede implicar y nos ayudan a desglosar cómo será la obediencia en la vida diaria.

Los cuatro pasos son:

- ¡NO PUEDO! (sinceridad sobre nuestra propia impotencia).
- ¡LO SIENTO! (pena por nuestra obstinada negativa).
- ¡AYÚDAME, POR FAVOR! (llamada esperanzada a nuestro Padre celestial).
- ¡ADELANTE! (levantarse y empezar a obedecer).

Aquí están con un poco más de detalle:

PASO UNO: ¡NO PUEDO! (SINCERIDAD)

Tenemos que empezar aquí. En esto consistió el capítulo uno (página 9). Aquí es donde somos sinceros con respecto a nosotros mismos y a nuestra incapacidad para cumplir los mandamientos de Dios. No es fácil ser sincero, pero resulta esencial. Honramos a Dios al reconocer nuestra debilidad. No basta con tener un sentido abstracto y general de nuestra propia debilidad, sino que debemos ser sinceros acerca de los mandatos específicos y nuestra impotencia para obedecerlos. Es útil articular eso claramente ante Dios.

A menudo el problema es que ni siquiera queremos obedecer a Dios. No queremos vivir a su manera. No lo amamos ni nos deleitamos en él. En lugar de seguir adelante con nuestra propia fuerza de voluntad, lo correcto es hablar sinceramente ante Dios sobre dónde está nuestro corazón.

Podríamos pensar que el siguiente paso es buscar el poder de Dios, pero primero tiene que suceder algo más. A esto yo le llamo, figuradamente, el segundo paso.

PASO DOS: ¡LO SIENTO! (CONFESIÓN)

El hecho de que *no podamos* obedecer a Dios no significa que no tengamos la culpa.

Solía haber un programa de televisión en el Reino Unido llamado «No sabe cocinar; no quiere cocinar». Dos concursantes venían y se les daban ingredientes con los cuales hacer una comida.

Uno de ellos carecía de la *habilidad* para cocinar y el otro de la *voluntad* para hacerlo. Ellos usaban sombreros para saber cuál era cuál. En un lado de la cocina estaba «No sabe cocinar» y, en el otro, «No quiere cocinar».

Se trataba de la clásica televisión diurna con muy poco presupuesto y un nivel de contenido similar. No obstante, esas dos afirmaciones son interesantes cuando se trata de la obediencia. ¿No podemos o no queremos obedecer? ¿Cuál se aplica para nosotros?

Ya hemos visto que estamos firmemente en el campo de «no puedo obedecer». Ese es el primer paso.

Aun así, sería un gran error asumir que no tenemos la culpa. Todos sabemos cómo va la lógica: *Si no puedo obedecer a Dios, ¿cómo puede hacerme responsable? ¡Eso no es justo!*

Sin embargo, la Biblia lo ve de manera muy diferente. Nuestra incapacidad para obedecer a Dios está absolutamente ligada a nuestra *negativa* a obedecerlo. No se trata simplemente de que no podamos obedecer a Dios. Tampoco queremos obedecerle. Llevamos ambos sombreros: «no puedo obedecer» y «no quiero obedecer».

Somos a la vez víctimas impotentes y rebeldes desafiantes. Necesitamos entender ambas categorías para poder progresar en la obediencia. Esta es nuestra doble identidad.

EL ÚLTIMO RECURSO

Me resulta difícil admitir que me equivoco. Prefiero esconder mis errores; o excusarlos; o culpar a alguien más (como Adán y Eva, que fueron tan rápidos en hacerlo, Génesis 3:12-13). Esta es una forma mucho más fácil de resolverlo.

No creo que mis padres me enseñaran el gran arte de evitar la culpa, pero aun así lo aprendí muy rápido. Tuve que hacerlo. Lo necesitaba una y otra vez. Cuando tiré una pelota y destrocé la preciosa reliquia familiar, ¿qué se suponía que debía hacer? Consideré brevemente admitir lo que había hecho y decir que lo sentía, pero instintivamente sabía que ocultar las pruebas era un curso de acción mucho más seguro. Recogí los pedazos y los enterré en un cajón. No me salí con la mía.

¿Alguna vez te has detenido a pensar por qué nos cuesta tanto pedir perdón? No tenemos problemas en detectar los fallos en los demás; eso es muy sencillo. Entonces, ¿por qué nos cuesta tanto verlos en nosotros mismos?

Creo que es porque estamos absolutamente comprometidos con el camino de la autojustificación. Necesito probar que valgo la pena. Necesito demostrar que mi vida cuenta. Mi valor como ser humano está ligado a mi desempeño. Por eso el fracaso resulta tan devastador para nosotros: este amenaza nuestra identidad básica y nuestra condición de seres humanos. Y, como nos sentimos amenazados, nuestro instinto natural es entonces protegernos a nosotros mismos.

Es por eso que esconderse, excusarse y culpar a otros es algo natural para nosotros. Son formas de evitar que mi identidad sea dañada. La Biblia habla de ello como de ser «sabio en tu propia opinión» (Proverbios 3:5-7; Isaías 5:21). Nos escondemos de Dios y decidimos por nosotros mismos lo que es correcto. Nos convencemos de que estamos bien y que nuestros fallos no son realmente culpa nuestra. Instintivamente buscamos maneras de justificarnos y excusar nuestro pecado.

Es como un hombre que trata de pintar una línea recta en un campo deportivo. Él mira lo que está haciendo y sus ojos le dicen que la línea se ve bien. Se halaga a sí mismo por su habilidad para pintar líneas. Esta se ve bien a sus propios ojos. Pero alguien que mantiene la cabeza en alto y mira todo el cuadro puede ver claramente que ha zigzagueado por todo el campo de juego.

Necesitamos una evaluación más franca de nosotros mismos.

Tenemos que ser cuidadosos, porque la solución no es empezar a pensar que somos inútiles. Algunos tenemos todo tipo de pensamientos muy negativos sobre nosotros mismos, pero eso no es lo mismo que admitir que somos pecadores. La baja autoestima no es lo mismo que reconocer nuestra culpa ante Dios. Se supone que no debemos ser llevados a la autocompasión o al desprecio por nosotros mismos o a una introspección miserable. Eso sería vivir en el camino de la autojustificación, donde todo se trata de mí y mi actuación.

Los proverbios nos ofrecen un camino mucho mejor:

No seas sabio en tu propia opinión;
más bien, teme al Señor y huye del mal.
(Proverbios 3:7)

Tenemos que aprender a «temer a Dios», a apartar los ojos de nosotros mismos y elevarlos hacia él. Cuando veo a Dios con claridad, entonces puedo verme a mí mismo con claridad. Cuando vea su belleza y perfección, veré lo lejos que caigo. Cuando levanto la cabeza, como el hombre que intenta pintar una línea recta, puedo ver lo torcido de mi vida. Esto no me deja ningún lugar donde esconderme y me veo obligado a admitir la verdad.

Sin embargo, aquí está la extraña paradoja de la obediencia. Si nunca admitimos que estamos equivocados, nunca experimentaremos el gozo de la obediencia.

EL VÍNCULO INSEPARABLE ENTRE LA CONFESIÓN Y EL GOZO

Tenemos que aprender a decir (y a decir realmente) estas palabras simples: «Lo siento». Necesitamos dejar las excusas a un lado. Nuestro gozo depende de ello.

Si no lo hacemos, nuestra obediencia se convertirá en otra arma en nuestra gran búsqueda de la autojustificación. Usaremos nuestra obediencia para cubrir nuestros fallos. Usaremos nuestro desempeño para evitar la culpa que sentimos.

La obediencia genuina, gozosa y en forma de evangelio solo es posible cuando has dejado de intentar justificarte y fingir que eres algo que no eres.

La confesión te liberará del camino de la justificación de ti mismo. Puedes ser absolutamente sincero con Dios, no solo sobre tu fracaso pasado, sino sobre tu debilidad presente para obedecer.

La Biblia lo dice de esta manera:

Si confesamos nuestros pecados, Dios, que es fiel y justo, nos los perdonará y nos limpiará de toda maldad. (1 Juan 1:9)

UNA LATA DE GUSANOS

Si alguna vez abres una lata de gusanos, ¿puedo darte un consejo? Antes de abrirla, asegúrate de que hay alguien capaz de tratar con los gusanos. De lo contrario, sería mucho mejor mantener la tapa bien apretada y los gusanos firmemente encerrados.

Es lo mismo con el pecado. Antes de ser sincero y confesar tu pecado, debes asegurarte de que hay alguien que es capaz de lidiar con lo que sale. De lo contrario, tendría más sentido mantener la tapa puesta, seguir sonriendo, seguir disculpándote, seguir fingiendo que todo está bien.

Esta es la gran noticia sobre la confesión. Cuando abandonamos la autojustificación y nos enfrentamos a nuestro serio fracaso, cuando levantamos nuestros ojos a Dios y vemos la realidad de nuestros propios corazones, no necesitamos temer.

El pecado es desesperadamente serio y somos indudablemente culpables. Sin embargo, hay Alguien que está listo para perdonar. Hay Alguien que se ocupará de nuestro pecado. Hay Alguien que está listo para justificarnos.

En la cruz, Jesucristo murió por todos nuestros pecados. Jesús murió porque no obedecemos a Dios. Murió por nuestra obstinada negativa. El castigo que merecemos cayó sobre él. Cuando confesamos nuestros pecados, estos son llevados lejos. Esta es la esencia del evangelio; esta es la fuente de toda obediencia verdadera. Todo comienza y fluye desde aquí.

Por eso el segundo paso en la obediencia al evangelio (¡sí, aún estamos en el segundo paso!) es decir «lo siento». Siento el no querer obedecerte. Siento no poder obedecerte. Siento que el pecado me atraiga tanto. Lamento que no seas el deseo abrumador de mi corazón. Siento que tus órdenes sean una carga. Eres bueno, todo lo que dices es bueno, tus mandatos son buenos, y aun así mi corazón no puede verlo. Hay un serio y devastador problema en mi corazón. Lo lamento.

PERDONADO

> *Si confesamos nuestros pecados, Dios, que es fiel y justo, nos los perdonará y nos limpiará de toda maldad.* (1 Juan 1:9)

Si has confesado tu pecado, entonces estás perdonado. Estás justificado ante Dios. No tienes que justificarte a ti mismo. Tu valor no fluye de tu obediencia, sino de lo que Jesucristo ha hecho por ti. Por eso ya no tenemos que adularnos a nosotros mismos y fingir que todo está bien. Jesús te amó cuando estabas en tu peor momento. Él es capaz de lidiar con tu fracaso.

Probablemente sepas esto, pero ¿lo pones en práctica? ¿Es la confesión una realidad diaria, una respuesta casi instintiva? Si no, no te saltes esta parte solo porque ya conoces 1 Juan 1:9. Detente un momento e interioriza esto profundamente.

La obediencia viene de este lugar. No necesitas tratar de ganarte la aprobación de Dios. Si estás confiando en Cristo, ya la tienes. No necesitas ganarte un lugar en su reino; ya es tuyo. Tu obediencia no es tu parte del trato. Dios lo ha hecho todo. No le estás devolviendo el favor ni mostrando tu agradecimiento. Su perdón es un regalo gratuito de gracia. No hay nada que pagar.

Al contrario, debido a que hemos sido perdonados por medio de Jesús y liberados de un camino de autojustificación, la obediencia se convierte en nuestro gozo y privilegio. Lo que nos lleva amablemente al tercer paso.

PASO TRES: ¡AYÚDAME, POR FAVOR! (DEPENDENCIA)

Considera cómo Jesús describió a los líderes religiosos de su época. Así es como funcionaba la obediencia.

> *Contestó Jesús:*
> *—¡Ay de ustedes también, expertos en la ley! Abruman a los demás con cargas que apenas se pueden soportar, pero ustedes mismos no levantan ni un dedo para ayudarlos.*
> (Lucas 11:46)

Así es como se siente la religión humana. Hay un montón de órdenes que son como pesadas cargas llevadas en los hombros de la gente. Los maestros siguen haciendo sus demandas, pero no ofrecen ni un dedo para ayudar. La obediencia en esa situación solo puede sentirse como un peso aplastante que nunca será levantado. No debemos pensar que Dios opera de esa manera.

No es así como la obediencia funciona para los hijos de Dios. Él te ama, dio a su Hijo para que muriera por ti, ha perdonado todos tus pecados. Ahora eres su precioso hijo. Dios no solo está dispuesto a levantar su dedo para ayudarte, sino que ha prometido derramar todo su poder sobre sus hijos cuando se lo pidan. Jesús lo dice de una manera muy hermosa:

> *¿Quién de ustedes que sea padre, si su hijo le pide un pescado, le dará en cambio una serpiente? ¿O, si le pide un huevo, le dará un escorpión? Pues, si ustedes, aun siendo malos, saben dar cosas buenas a sus hijos, ¡cuánto más el Padre celestial dará el Espíritu Santo a quienes se lo pidan!*
> (Lucas 11:11-13)

¿Te das cuenta de que Dios está de tu lado? Él está listo y dispuesto a darte todos los recursos que necesites para obedecer sus mandamientos.

Así como Dios da sus mandamientos, también promete darle su Espíritu a todo aquel que se lo pida. La palabra de Dios va acompañada del poder de Dios para permitir nuestra obediencia.

Todo lo que tenemos que hacer es pedir. A Dios le agrada dar su Espíritu Santo a sus hijos. Él no nos pide que luchemos por nuestra cuenta.

«No puedo. Lo siento. Por favor, ayúdame».

Sin embargo, todo eso nos lleva al cuarto paso.

PASO CUATRO: ¡ADELANTE! (LEVANTARSE Y EMPEZAR A OBEDECER).

Hay trabajo que hacer; hay esfuerzo que ejercer; hay sudor que debe fluir. La vida cristiana no es una existencia serena y sin esfuerzo. Es una lucha, un maratón, un conflicto.

Hay gente a la que amar, hay pecados con los cuales acabar, hay oraciones que orar, hay trabajo que hacer. Depender del poder de Dios no nos hace perezosos. No debe hacernos descuidados. Más bien, nos vuelve desafiantes en nuestra obediencia.

Recuerdo haberles enseñado a mis hijos a jugar al cricket. Cuando eran muy pequeños y no resultaban lo suficientemente fuertes para sostener el bate por sí mismos, ¿qué hice? No les grité y les dije que se esforzaran más. Tampoco les dije que no se molestaran y se sentaran a mirar. Me paré detrás de ellos y puse mis manos sobre las suyas. Les dije que se balancearan tan fuerte como pudieran. Cuando la bola fue lanzada, nos movimos juntos y golpeamos la bola hacia lo alto del cielo. Cuando sus caritas mostraron una gran sonrisa, les dije: «Miren hasta dónde la han golpeado».

¿Crees que nuestro Padre celestial está menos dispuesto a ayudar a sus hijos?

Él se coloca detrás de ti y te dice: «Lucha tan duro como puedas». Entonces mueve su poderoso brazo y, juntos, el pecado es golpeado y enviado lejos.

A menudo fallarás. No podrás luchar. No confiarás en tu Padre. Pero a veces te balancearás y ganarás. Hay una confianza, incluso un desafío, en este tipo de obediencia. El pecado no te dominará. El pecado no te derrotará finalmente.

Mientras trabajas, Dios trabaja. Mientras luchas, él lucha. Mientras tú ganas, él gana. Esta es la obediencia gozosa y guiada por el evangelio.

LOS TRES PRIMEROS PASOS VIENEN PRIMERO

De modo que, sí, la obediencia es frustrante. La ola pasa y nada cambia. Sin embargo, ¿podría ser porque nos acercamos al cuarto paso de la obediencia sin los pasos del uno al tres?

Nunca he recibido una lección de surf. No quiero perder mi tiempo con eso. Por lo que veo, ellos pasan la mayor parte del tiempo en la playa practicando la técnica y aprendiendo lo básico. No necesito eso. Quiero estar entre las olas. Realmente debería ser capaz de manejar eso. Así que sigo remando, salpicando y fallando.

Tal vez la razón por la que las olas continúan pasando es porque quiero evadir el aprendizaje básico y seguir adelante.

Todos somos así a veces. Solo queremos que alguien nos indique el atajo a la obediencia. Estamos ocupados y no tenemos mucho tiempo para desperdiciarlo. Sentimos que realmente deberíamos ser capaces de manejar la obediencia. Seguimos intentándolo y fallando. Este libro no es sobre «la obediencia hecha fácil». Este libro es un llamado a entregarnos a vidas cuidadosas, pacientes, impulsadas por el evangelio, en las que lentamente aprendemos a obedecer a Dios con gozo.

Sinceridad respecto a mi debilidad (¡no puedo!), confesión de mi fracaso (¡lo siento!), dependencia del poder de Dios (¡ayúdame, por favor!) y solo entonces saltamos sobre nuestros pies (¡adelante!).

Hay algunas olas que vienen. Y son verdaderas bellezas. Aprendamos a deslizarnos sobre esas olas.

DE NUEVO A TI

Hay más de mil mandamientos (olas) solo en el Nuevo Testamento. Para el resto de este libro, he elegido nueve que parecen particularmente imposibles. Siéntete libre de elegir en cuál de ellas montarte primero.

4

AMA A DIOS

No lo elegí. No estaba bajo mi control. No pude detenerlo. Pero sucedió.

En un momento montaba en bicicleta por la calle y todo estaba bien. Al siguiente me estaba cayendo. Había perdido el control y ahora volaba por el aire. El tiempo pareció detenerse. Sin embargo, yo no. Hasta que me estrellé contra el asfalto.

No soy un fanático de las caídas. Así que me parece extraño que el lenguaje relacionado con caer esté tan asociado a la idea del amor.

«Caí como un tonto», decimos, «me enamoré».

Yo no lo elijo. No lo controlo. No puedo detenerlo. Pero sucede.

Elvis Presley lo resume bien en su icónico éxito, «No puedo evitar enamorarme de ti».

Tenemos otras formas de decir lo mismo sobre el amor. Hablamos de «caer rendido a sus pies» o de que alguien «me robó el corazón» o de andar «de cabeza» por alguien. Cada una de estas frases transmite lo mismo. El amor es una fuerza poderosa, irresistible e irracional que no puede ser controlada. No puedo elegir a quien amo.

El amor es algo que me sucede. Por supuesto, tengo alguna opción sobre si actúo basado en los sentimientos. Podría sentir el amor y elegir suprimirlo. Se han escrito innumerables novelas sobre el dolor del amor no correspondido. O podría estar tan abrumado por el amor que pareciera que no puedo detenerlo. Sin embargo, el hecho es que no puedo evitar enamorarme o no. Eso no está bajo mi control.

Cuando la Biblia habla de amar a Dios, no quiere dar a entender eso. Realmente no lo hace.

EL AMOR ES UN MANDAMIENTO

Cuando le preguntaron a Jesús sobre el gran mandamiento, su respuesta fue muy clara.

> —El más importante es: «Oye, Israel. El Señor nuestro Dios es el único Señor —contestó Jesús—. Ama al Señor tu Dios con todo tu corazón, con toda tu alma, con toda tu mente y con todas tus fuerzas». (Marcos 12:29-30)

Cuando hablamos de obediencia y mandamientos, todo empieza aquí. El mayor mandamiento en todo el mundo es que debemos amar a Dios. A riesgo de afirmar lo obvio, esto es un *mandato*. Eso significa que estamos en el territorio de la obediencia y la desobediencia en lugar de simplemente en el de los sentimientos y las emociones. La Biblia nunca habla de nosotros «enamorándonos de Dios». Más bien habla de que tomemos la decisión de obedecer o desobedecer.

Cuando le decimos a Dios: «Te amo», eso no es principalmente una declaración sobre el estado emocional de mi corazón. Más bien, declara un deseo de obedecer el más grande mandamiento de Dios.

No digo que el amor a Dios esté divorciado de nuestras emociones y sentimientos. Ciertamente no es así. Para muchas personas, hay momentos de intensa emoción y experiencia en su relación con Dios. Sin embargo, sería un gran error imaginar que la experiencia es la suma total de lo que la Biblia quiere decir cuando habla de amar a Dios. El fundamento de amar a Dios descansa en la simple cuestión de la obediencia. El hecho de que nos sintamos abrumados por la emoción o tan secos como un desierto no cambia la cuestión de si obedecemos el mandato de amar a Dios.

Cuando se trata de amar a Dios, la obediencia es lo primero.

¿QUÉ ES EL AMOR?

Jesús no sacó el gran mandamiento de la nada. Él estaba citando el Antiguo Testamento. Dios le dio este mandamiento a Israel en Deuteronomio 6. Israel era el pueblo elegido, rescatado y precioso de Dios y se le ordenó que amara al Señor. Pero ¿qué significa eso realmente? No creo que Dios esperara una selección completa de canciones de amor efusivas para que el pueblo fuese arrastrado por grandes experiencias emocionales. No, era algo mucho más simple que eso.

Amar a Dios significa que no amas a otros dioses.

Le prometes tu lealtad, tu corazón, tu vida, tus recursos, todo lo que tienes a Dios. Abandonas a todos los otros dioses.

El día que me casé, prometí amar a mi esposa. Una parte clave de lo que eso significa se explicó cuando aseguré «renunciar a todas las demás». Ese día tomé una gran decisión. Le dije NO a todas las demás mujeres del mundo (no es que hubiera una larga cola de mujeres llorando fuera de la ceremonia, pero ya entiendes la idea).

Eso es lo que Dios le ordena a su pueblo. Él explica la negativa de la orden en el primero de los diez mandamientos:

No tengas otros dioses además de mí. (Éxodo 20:3)

Amas a Dios renunciando a todos los demás.

Cuando Israel entró en la tierra que Dios les había prometido, había muchos otros dioses alrededor. Se enfrentaron a otros amantes que querían su adoración. Esto es lo que la Biblia quiere decir con idolatría. Ocurre cuando le damos el amor y la adoración que Dios merece a cualquier persona o cosa que no sea él. Es cuando ponemos cualquier cosa en el lugar que solo Dios merece.

La tragedia es que en lugar de decidir amar a Dios en obediencia a su mandamiento, el pueblo de Dios fue seducido y se enamoró de los dioses de las naciones. He escogido el lenguaje aquí con mucho cuidado. En el centro de la idolatría hay un engaño que busca capturar nuestros afectos. Esta es una de las grandes diferencias entre Dios y los ídolos.

Dios nos ama y ordena nuestro amor. Los falsos dioses nos seducen y roban nuestros corazones.

Israel desobedeció a Dios y eligió amar a los ídolos. Al final, eso los llevó a su caída. Es fascinante que la idolatría sea el GRAN pecado al que Israel vuelve una y otra vez. Esto deja muy claro que la desobediencia no se trata de romper unas cuantas reglas, sino de *a quién ama tu corazón*.

Y esto no se relaciona solo con Israel. Todavía hay muchos otros dioses alrededor listos para seducirnos y robar nuestros corazones. Necesitamos despertar a la realidad de nuestros corazones y escuchar el mandato de Dios de amarlo.

UN JOVEN

El libro de los Proverbios nos muestra esto de manera poderosa. Nuestros corazones, por naturaleza, se «enamorarán» de todo tipo de cosas. Nos encontraremos poderosamente cautivados, embelesados y sobrecogidos por el pecado.

Lee esta historia acerca de un joven. Mira cómo cae.

Desde la ventana de mi casa
*   miré a través de la celosía.*
Me puse a ver a los inexpertos,
*   y entre los jóvenes observé*
*   a uno de ellos falto de juicio.*
Cruzó la calle, llegó a la esquina,
*   y se encaminó hacia la casa de esa mujer.*
Caía la tarde. Llegaba el día a su fin.
*   Avanzaban las sombras de la noche.*
De pronto la mujer salió a su encuentro,
*   con toda la apariencia de una prostituta*
*   y con solapadas intenciones.*
(Como es escandalosa y descarada,
*   nunca hallan sus pies reposo en su casa.*
Unas veces por las calles, otras veces por las plazas,
*   siempre está al acecho en cada esquina).*
Se prendió de su cuello, lo besó,
*   y con todo descaro le dijo:*
«Tengo en mi casa sacrificios de comunión,
*   pues hoy he cumplido mis votos.*
Por eso he venido a tu encuentro;
*   te buscaba, ¡y ya te he encontrado!*
Sobre la cama he tendido
*   multicolores linos egipcios.*

He perfumado mi lecho
        con aroma de mirra, áloe y canela.
Ven, bebamos hasta el fondo la copa del amor;
        ¡disfrutemos del amor hasta el amanecer!
Mi esposo no está en casa,
        pues ha emprendido un largo viaje.
Se ha llevado consigo la bolsa del dinero,
        y no regresará hasta el día de luna llena».
Con palabras persuasivas lo convenció;
        con lisonjas de sus labios lo sedujo.
Y él en seguida fue tras ella,
        como el buey que va camino al matadero;
como el ciervo que cae en la trampa,
        hasta que una flecha le abre las entrañas;
como el ave que se lanza contra la red,
        sin saber que en ello le va la vida.
        (Proverbios 7:6-23)

¿Te imaginas lo que sería entrevistar a este joven después de esta noche?

Pero ¿qué te ha acontecido?

No lo sé. No pude evitarlo. Estaba pensando en mis asuntos cuando ella vino y me agarró. Dijo que estaría bien. Dijo que nadie lo sabría.

¿Por qué no te fuiste a casa?

No podía. Era algo tan poderoso. Ella era tan hermosa. ¿Qué se suponía que debía hacer?

Este joven experimentó un clásico caso de caída. Yo no lo elegí. No lo controlaba. No podía detenerlo. Pero sucedió.

Considera las tácticas de la locura pecaminosa. Ella está buscando activamente a la gente. Es descarada y está lista para atacar. Apela al placer. Habla palabras que seducen. El joven cae. No tenía ninguna posibilidad.

¿SOLO UNA VÍCTIMA?

Sin embargo, espera un segundo. Hay más cosas sucediendo. Él fue atrapado, seducido y llevado por el mal camino directo a su trampa. Pero eso no lo convierte en una víctima aquí. En un sentido, el joven no estaba eligiendo este camino, en otro sentido, absolutamente hizo la elección. Eligió caminar por la calle donde ella vive. Eligió ir allí justo cuando el día terminaba y la noche caía. Eligió acercarse. Y entonces cayó.

Imagina que elijo ir en mi bicicleta a medio metro del borde de un acantilado. Y entonces me caigo. Todavía podría decir que no lo elegí, que no tengo el control y que no puedo detenerlo. Pero con razón señalarías que sí elegí el lugar al que llevé mi bicicleta. Esa es mi locura. Especialmente si pasé numerosas señales advirtiéndome de los peligros del acantilado al que me estaba acercando.

Los ídolos son poderosos y seductores. Nos enamoramos. No obstante, también tomamos la decisión de estar allí. Tomamos la decisión de no amar a Dios. Esa es nuestra locura. El mandamiento de amar a Dios es parte de la forma en que Dios nos protege del irresistible poder de los falsos dioses.

Estamos de vuelta en el dilema de «no puedo obedecer; no quiero obedecer» (ver páginas 35-6).

¿Has experimentado algo así?

Te encuentras «enamorándote» de algo que se apodera de tu corazón. En lugar de obedecer el mandamiento de amar a Dios, sigues a tu corazón y amas otra cosa.

Nuestros corazones se sienten poderosamente atraídos a «enamorarse» de muchas cosas. El poder es seductor y puede cautivarnos. El placer sexual nos seduce y nos ofrece satisfacción. Jesús habla del «engaño de las riquezas» (Marcos 4:18-19). La lista podría continuar. Hay muchos amantes que vienen a nosotros ofreciéndonos el mundo entero.

Es cuando no obedecemos el mandato de amar a Dios que nos volvemos vulnerables a las seducciones de todo tipo de otros dioses.

Entonces, ¿qué se supone que debemos hacer con este mandato de amar a Dios? La respuesta no es esforzarse más. Al contrario, tomemos los cuatro pasos que consideramos en la primera parte y apliquémoslos cuidadosamente a este mandamiento.

LOS CUATRO PASOS

¡NO PUEDO!

Dios nos ha dado el claro mandamiento de que lo amemos con todo nuestro corazón, alma, fuerzas y mente. Nos lo ha explicado advirtiéndonos que no tengamos otros dioses además de él. Dios es muy claro al exigir nuestro amor indiviso. Ese es su mandamiento.

Sin embargo, eso es imposible.

El tipo de amor del que Dios está hablando aquí es superior a nosotros. No tenemos el poder para obedecer este mandato. De hecho, encontramos que ocurre exactamente lo contrario. En lugar de amar a Dios, nos seducen otros dioses.

En lugar de ser cautivados por el Dios Creador que nos ama, perseguimos otras cosas que nos atrapan con sus ofertas gratificantes. Y no pensemos que está bien tratar de hacer ambas cosas: seguir amando a Dios, pero añadiendo un poco de adoración a los ídolos. Eso sería como afirmar que amo a mi esposa, pero también tener una amante. Mi esposa nunca aceptaría eso, y tampoco lo hará el Señor.

Somos muy ingenuos si pensamos que no tenemos un problema en esta área. Piensa en el joven de Proverbios.

¿Adónde te sientes tentado a ir? ¿Qué es lo que estás tentado a hacer? ¿De qué podría enamorarse tu corazón fácilmente? ¿Sabes dónde está el peligro para ti? Trata de ser específico. ¿Cuáles son las cosas que más te atraen? Sé sincero en cuanto a lo poderosas que son.

Una vez que comenzamos a transitar por ese camino, rápidamente perdemos el control y nos encontramos cayendo. ¿Cuántas veces te has hallado atrapado e impotente?

A veces imaginamos que somos lo suficiente fuertes para amar a Dios con nuestras propias fuerzas. Imaginamos que nunca lo defraudaremos. Siempre lo amaremos. Nunca nos seducirá el pecado y nos alejaremos de Dios. Hacemos grandes afirmaciones de devoción eterna, y en el momento lo decimos en serio. Sin embargo, ese tipo de confianza en uno mismo implica no ver el peligro. Necesitamos ser más reales. Necesitamos ser más sinceros. No podemos amar a Dios. Seremos atrapados por otros amantes.

Y eso debería llevarnos al segundo paso...

¡LO SIENTO!

Que yo no sea capaz de amar a Dios con todo mi corazón, alma, mente y fuerzas no significa que no sea culpable por no hacerlo.

Al ser sinceros en cuanto a nuestra impotencia frente a los ídolos, debemos confesar nuestra parte en eso. Dios es supremamente bueno. Él nos ha salvado y nos ha elegido para ser su precioso pueblo. Sin embargo, en lugar de amarlo, le damos la espalda rápidamente. Eso es impactante. Muestra lo distorsionados que están nuestros corazones.

Debemos admitir nuestra culpa por amar a otros dioses. Posiblemente no serán las estatuas e imágenes a las que acude el pueblo de Dios en la Biblia. Es mucho más probable que se trate de nuestro amor por la comodidad, el placer, el poder, el éxito o las posesiones. Nos enamoramos de estas cosas. Nos seducen y roban nuestros corazones llevándolos lejos de Dios.

Necesitamos sentir nuestra culpa por amar a otros dioses. Necesitamos no dar excusas para nuestro fracaso. O tratar de encubrirlo. Es por eso que Jesús tuvo que morir. Murió porque no amamos a Dios. Murió por todas las veces que hemos sido seducidos por los ídolos. Murió por todas las veces que le hemos sido infieles a Dios. Él ha pagado por todas esas fallas.

Cuando sientes el peso del fracaso, saboreas la dulzura del perdón. Merecemos ser rechazados y castigados por Dios para siempre. Sin embargo, en lugar de eso, él envía a Jesús para ganarnos de nuevo para sí mismo.

Dios te ama. A pesar de tu fracaso. A pesar de tu corazón dividido. Él te ama y te ha perdonado.

Aférrate a ese perdón por fe. Al confesar tu pecado, debes escuchar su promesa de que estás perdonado.

Sin embargo, esto no termina ahí. Cuando confesamos, hallamos la esperanza de que esta orden se convierta en algo que podamos obedecer.

¡AYÚDAME, POR FAVOR!

Somos absolutamente impotentes ante los ídolos, pero Dios no lo es. El mandamiento de Dios una vez estaba en contra nuestra y reveló nuestro fracaso. Pero a medida que admitimos nuestro pecado y nos volvemos a Jesús, nos convertimos en hijos preciosos de Dios. Ahora su mandamiento de amarlo es una orden que proviene de nuestro amoroso Padre celestial.

Recuerda que los mandamientos de Dios vienen acompañados del poder para hacer lo que se ordena. Así que, cuando él nos ordena que lo amemos, permite que obedezcamos.

A veces es difícil de creer. A veces miramos nuestros corazones y nuestro amor por Dios parece muy pequeño, y nuestro amor por otras cosas parece abrumadoramente poderoso.

Nos resulta difícil imaginar que eso pueda llegar a cambiar. No obstante, Dios es más poderoso que tu amor por otras cosas. Él realmente puede empezar a cambiarte.

Necesitas levantar los ojos y tener este tipo de confianza. He aquí algunas cosas específicas por las que podrías orar.

Padre celestial, por favor, ayúdame a ver las falsas promesas que hacen los ídolos y la hermosa verdad que encontramos en Jesús. Ayúdame a ver que estoy cayendo en una trampa y que este camino lleva a la tumba. Por favor, ¿podrías cambiar lo que ama mi corazón? Por favor, que tu Espíritu Santo me ayude a conocer la libertad que se encuentra en el amor. Gracias por prometerme el poder para cambiar y te pido ese poder ahora. Ayúdame a no acercarme a esos lugares donde sé que hay tentación. Ayúdame a deshacerme de esas cosas que me hacen tropezar una y otra vez. Ayúdame a abandonar a todos los demás y a tener un corazón dedicado a ti.

Ven como un niño corriendo hacia su Padre. Ven con urgencia. Ven con insistencia.

¡Qué cosa tan hermosa y magnífica es eso! Mientras más claramente veamos a nuestro Padre, más lo amaremos.

¡ADELANTE!

Ahora (y solo ahora) nos preparamos para actuar. Con gozo y confianza toma la decisión de amar a Dios. Dios tiene muy claro lo que se supone que debes hacer con los ídolos. En el Antiguo Testamento se le dijo a Israel:

> *Esto es lo que harás con esas naciones: Destruirás sus altares, romperás sus piedras sagradas, derribarás sus imágenes de la diosa Aserá y les prenderás fuego a sus ídolos.* (Deuteronomio 7:5)

En el Nuevo Testamento se encuentran tipos de lenguaje similares en torno a la idolatría. Por ejemplo:

Por tanto, hagan morir todo lo que es propio de la naturaleza terrenal: inmoralidad sexual, impureza, bajas pasiones, malos deseos y avaricia, la cual es idolatría. (Colosenses 3:5)

A primera vista se podría pensar que destrozar cosas y «hacer morir» suena un poco negativo. No te dejes engañar. Este tipo de acción resulta vivificante y gloriosa. Imagina a un prisionero encerrado con pesadas cadenas. Mientras rompes esas cadenas, también te liberas. Al derribar las paredes de la celda, dejas que la luz entre y abra el camino a una nueva vida. Ese es el tipo de destrucción del que estamos hablando.

Cuando tomas la decisión de amar a Dios, no estás sacrificando ninguna esperanza de una vida feliz. Estás abrazando la vida para la que fuiste hecho y al Padre que te ama.

Así que seamos prácticos. ¿Qué cambios específicos podrías hacer para mostrar el deseo de amar a Dios por encima de todo? ¿Qué necesitas cambiar, eliminar, ajustar o repensar? Ora por la ayuda de Dios y luego haz los cambios. Opciones reales, acción real, cambios reales impulsados por el amor real.

Eso implicará una vida entera de batalla, pero hay gozo aquí. Una alegría profunda y duradera.

—El [mandamiento] más importante es: «Oye, Israel. El Señor nuestro Dios es el único Señor [...] Ama al Señor tu Dios con todo tu corazón, con toda tu alma, con toda tu mente y con todas tus fuerzas». (Marcos 12:29-30)

5

Regocíjate en el Señor (¡siempre!)

Pensé que la camiseta era una gran idea. Sin embargo, no lo fue. Pensé que animaría las cosas y esparciría un poco de gozo y felicidad. Pero no fue así. Al reflexionar, debería haber descubierto el problema mucho antes. No obstante, no pude ver el peligro.

Eso suena bastante inocente. Se trataba solo de una camiseta azul con las palabras «Sr. Feliz» en el frente. También tenía un enorme personaje de dibujos animados amarillo y alegre que le sonreía al mundo.

Los problemas comenzaron cuando la gente notó una seria desconexión entre mi cara y mi camiseta. No llevo mi vida en un estado de felicidad eufórica. Hay días en los que me siento un poco triste y otros en los que me siento decididamente malhumorado. Con cualquier otra camiseta, mis días un poco menos felices podrían haber pasado sin comentarios. Pero no con mi camiseta de «Sr. Feliz». Por alguna razón la gente consideró mi camiseta como un permiso para señalarme que no me veía muy feliz.

Como puedes imaginar, eso no mejoró mis niveles de felicidad. Los extraños comentaban el estado de mi felicidad mientras caminaba por la calle. Y si alguna vez decía algo que no fuera muy optimista y positivo, la gente volvía inmediatamente con la observación: «Bueno, alguien no se parece mucho al Sr. Feliz hoy».

La camiseta acabó en el cesto de la basura.

DESCONEXIÓN

Creo que muchos cristianos hoy tienen una experiencia similar al seguir a Jesús. Hay una desconexión entre lo que decimos que creemos y nuestra experiencia. Sospechamos que ser cristiano se supone que sea algo que proporcione alegría, por lo que escuchamos en la iglesia que los cristianos están destinados a regocijarse, pero la realidad a menudo está lejos de eso.

Crecí en la década de 1980, y una de las canciones que cantábamos una y otra vez (y otra vez) en nuestro grupo de jóvenes incluía la línea:

Mi gozo solo sigue creciendo.

Mientras cantábamos esa canción, era difícil no sentir un momento similar al vivido con la camiseta del Sr. Feliz. A menudo había una desconexión entre mis palabras y mi cara. No experimenté que mi gozo solo siguiera creciendo. A veces me sentía alegre, pero la mayoría de las veces no. ¿Qué se suponía que debía hacer con esa canción?

Otra canción que solíamos cantar contenía la línea:

Cuando el mundo haya visto la luz
Bailarán con gozo como lo hacemos nosotros ahora.

Esto me molestaba un poco al mirar a nuestro alrededor y vernos parados muy quietos con las manos en los bolsillos. Recuerdo que pensé que no estábamos mostrando mucho gozo. Si las personas del mundo se hubieran asomado para ver cómo es el gozo cristiano en acción, no se habrían quedado sin aliento.

Todo eso me hizo preguntarme: ¿cómo es realmente el gozo? ¿Cómo lo reconocería? ¿Y cómo te acercas a él?

Eso es lo que estamos explorando en este capítulo. Tenemos que dejar que Dios nos enseñe lo que realmente significa ser feliz. Podríamos descubrir que estamos equivocados. Corremos el riesgo de colocar el gozo en la categoría equivocada y, por lo tanto, conformarnos con algo menos que la gran visión de Dios para nuestro gozo. Todo comienza reconociendo que el gozo no es principalmente una experiencia a perseguir, sino, más bien, uno de los «mandamientos imposibles» de Dios que obedecemos por medio de la fe.

MANDAMIENTO

La Biblia nos ordena en varios lugares que nos alegremos. Mientras miramos algunos ejemplos, léelos despacio y con cuidado buscando el lenguaje autoritativo que se utiliza.

El primer ejemplo proviene de la ley del Antiguo Testamento, nada menos que del libro de Levítico. Me doy cuenta de que este no es el primer lugar al que podríamos acudir para aprender sobre el gozo. Podríamos ser tentados a describir toda la ley de Dios como algo sombrío y restrictivo. Sin embargo, aquí está la sorpresa: *el gozo está contemplado en la ley de Dios.* Al pueblo de Dios se le ordenó apartar un tiempo para regocijarse.

Estas son las instrucciones para uno de sus festivales anuales:

> *El primer día tomarán frutos de los mejores árboles, ramas*
> *de palmera, de árboles frondosos y de sauces de los arroyos,*
> *y durante siete días se regocijarán en presencia del Señor su*
> *Dios.* (Levítico 23:40)

Dios se toma en serio el gozo. Él sabe que su pueblo tiene una tendencia a la falta de gozo y por eso ordena que aparten un tiempo para regocijarse intencional y deliberadamente. Eso tiene que hacernos detener y pensar en lo que realmente significa el gozo. ¿Puede el gozo ser inducido y sofocado? ¿Cómo puedes ordenarle a una nación que sienta gozo? ¿Siete días de gozo? ¿Es eso posible?

Aquí hay un mandamiento más general de los salmos que muestra que el gozo debía ser una marca distintiva del pueblo justo de Dios:

> *Canten al Señor con alegría, ustedes los justos;*
> > *es propio de los íntegros alabar al Señor.*
> *Alaben al Señor al son del arpa;*
> > *entonen alabanzas con el decacordio.*
> *Cántenle una canción nueva;*
> > *toquen con destreza,*
> > *y den voces de alegría.* (Salmos 33:1-3)

Esto no es solo para una semana del año, sino que constituye una actitud general del corazón que se orienta en una dirección exterior gozosa. El lenguaje aquí es sobre el gozo exuberante, ruidoso y que demuestra habilidad.

Esto también se ve en el Nuevo Testamento. Las órdenes de tener gozo siguen llegando.

Alégrense en la esperanza, muestren paciencia en el sufrimiento, perseveren en la oración. (Romanos 12:12)

Alégrense siempre en el Señor. Insisto: ¡Alégrense! (Filipenses 4:4)

Estén siempre alegres, oren sin cesar, den gracias a Dios en toda situación, porque esta es su voluntad para ustedes en Cristo Jesús. (1 Tesalonicenses 5:16-18)

Incluso ante las circunstancias difíciles, la Biblia nos ordena estar alegres:

Hermanos míos, considérense muy dichosos cuando tengan que enfrentarse con diversas pruebas, pues ya saben que la prueba de su fe produce constancia. (Santiago 1:2-3)

Estos mandamientos no son todo lo que la Biblia dice sobre el gozo. Hay muchos otros ejemplos en los que el regocijo es una respuesta gloriosa y emocional a lo que las personas han recibido de Dios. No obstante, he resaltado los mandamientos anteriores para ayudarnos a entender que el gozo es parte de nuestra *obediencia* y no solo de nuestra *experiencia*.

MÁS QUE SENTIMIENTOS

A menudo colocamos al gozo en una caja etiquetada como «Sentimientos». Este se convierte en una experiencia evasiva que tratamos de capturar. A veces lo sentimos, nos conmovemos y nos emocionamos y tenemos una exuberante experiencia emocional, pero luego parece que se va de nuevo. Y así la búsqueda continúa. Tal vez intentamos diferentes formas de adoración, diferentes tipos de música, diferentes tradiciones o a diferentes predicadores tratando de sentir algo.

Es como intentar atrapar una pelota que se mueve fuera de nuestro alcance en un lago. La alcanzamos, casi la tocamos, pero luego se aleja de nuevo. En lugar de estar cada vez más gozosos, a menudo nos encontramos cada vez más insatisfechos con nuestra vida cotidiana y nuestras iglesias.

Sin embargo, el gozo bíblico no es una experiencia que intentemos fabricar con la atmósfera adecuada.

Salmos 33 lo coloca más bien en una caja llamada «Acción». No se le dice al pueblo de Dios que sienta gozo. Se les ordena que canten con alegría. Esta es una redefinición radical del gozo. El gozo es algo que *haces* antes de que sea algo que *sientes*. Poner las cosas en el orden correcto importa enormemente.

El gozo del mundo es impulsado por mis sentimientos. No puedo controlarlo. Algo sucede en mi vida que me hace sentir bien y por eso me regocijo. El sentimiento de gozo se desborda en la acción de regocijarse. Nuestro equipo de fútbol anota y entonces cantamos. Ganamos una competición, así que celebramos y nos regocijamos.

La felicidad del mundo es un estado temporal que se produce por medio de las circunstancias. Cuando las cosas van bien, me alegro. No obstante, sé que las vacaciones terminarán o mi carrera irá mal o mi salud fallará, y entonces mi gozo se desvanecerá. Así que nos quedamos atrapados en un ciclo interminable de tratar de perseguir las cosas que creemos que nos harán sentir gozo.

El gozo bíblico es diferente. En realidad, ocurre al revés. La alabanza gozosa viene primero como un acto de obediencia, lo sienta o no. No se basa en mis circunstancias siempre cambiantes, sino en la naturaleza inmutable de Dios.

(Por cierto, no me oigas decir que el gozo no tiene nada que ver con los sentimientos, llegaremos a eso más tarde, pero debe empezar aquí).

¿GOZO OPCIONAL?

Hay otro peligro con nuestra visión normal del gozo. Colocamos el gozo en una caja etiquetada como «Extra opcional». Este es un componente extra, pero no esencial para ser cristiano. Es bueno tenerlo, pero se puede vivir sin él. Algo así como tener un jacuzzi en el jardín.

Sin embargo, Salmos 33 coloca el gozo en una caja etiquetada como «Obediencia esencial». El escritor del salmo habla de que es apropiado, correcto y absolutamente lo que el pueblo justo de Dios hará (v. 1). La alabanza alegre no es solo una cosa buena, sino algo correcto. Esto significa que no regocijarse se convierte en algo malo. Cuando no nos regocijamos en Dios, estamos pecando.

Esa última frase es bastante fuerte y quizá despierte alguna preocupación en ti. Tal vez empieces a pensar que es totalmente irrazonable vivir con un constante sentido de gozo.

Excepto porque Pablo dice en Filipenses: Alégrense *siempre* en el Señor (Filipenses 4:4).

Si empiezas a sentir que esto es demasiado difícil, entonces tienes razón. Si empiezas a pensar para ti mismo: «No puedo alabar a Dios con gozo todo el tiempo; eso es imposible», entonces es algo genial. Ya estás en el primer paso de la obediencia gozosa. A medida que desarrollemos nuestros cuatro pasos con relación a este mandamiento, veremos cómo el gozo puede ser cada vez más parte de nuestra obediencia. No obstante, averigüemos primero lo que Jesús dijo sobre el gozo...

JESÚS QUIERE QUE SEAS FELIZ

Transcurría la noche antes de que Jesús muriera en la cruz. En Juan 17, él está orando a su Padre. Tenemos un fascinante vistazo de los pensamientos y prioridades que llenan su mente mientras se prepara para la prueba más abrumadora que cualquier ser humano haya experimentado. ¿Qué encontramos?

En primer lugar, Jesús está preocupado por la gloria de su Padre. Luego, se preocupa por sus discípulos. Ellos van a estar en gran peligro y, debido a eso, ora por su protección. Va a ser muy difícil para esos discípulos vivir en un mundo que los odia. Sin embargo, Jesús tiene una ambición más grande para ellos que la simple supervivencia. Considera las palabras de su oración:

> Ahora vuelvo a ti, pero digo estas cosas mientras todavía estoy en el mundo, para que tengan mi alegría en plenitud.
> (Juan 17:13)

La noche antes de morir, Jesús se preocupó de que sus discípulos conocieran el gozo. Y no solo un poco de gozo, sino la plenitud de la alegría que él tiene para ellos.

Jesús quiere que sus discípulos estén alegres.

Perseguir el gozo no es un esfuerzo egoísta. Es perseguir aquello por lo que Jesús murió. Él murió para nuestro gozo, el tuyo y el mío. Murió y resucitó para que pudiéramos conocer la alegría más profunda y rica que se pueda imaginar.

A menudo cometemos el error de pensar que el pecado nos traerá gozo y que Dios lo estropeará. Esa es una mentira enorme. Elegir rechazar a Dios y vivir para nosotros mismos y nuestro propio placer no nos lleva al gozo eterno. Conduce a un gozo temporal, débil y que finalmente se desvanece.

Jesús fue a morir en la cruz porque hemos perseguido el gozo en los lugares equivocados. Jesús murió porque quiere que descubras el gozo para el que fuiste creado en una relación con Dios Padre.

Jesús quiere que seas feliz. Eternamente feliz. Sin embargo, eso va a requerir obediencia. Y eso va a necesitar fe.

UN CASO DE ESTUDIO

Habacuc era un profeta que no tenía mucho de qué alegrarse. Vivió alrededor de seiscientos años antes del nacimiento de Cristo, en un momento en que las cosas resultaban terribles a su alrededor. El pueblo de Dios era un desastre; había injusticia y maldad. Y Dios no hacía nada al respecto.

Habacuc no estaba contento. Así que clamó a Dios por respuestas.

La respuesta de Dios empeoró las cosas. Él le dijo a Habacuc que iba a enviar a los babilonios a castigar a Israel. Esto no ayudó.

Sin embargo, Habacuc siguió esperando y clamando a Dios por respuestas.

Entonces Dios habló. Habló del «fin» (Habacuc 2:3). Habló del día en que toda la maldad sería castigada. Habló del día en que «así como las aguas cubren los mares, así también se llenará la tierra del conocimiento de la gloria del Señor» (Habacuc 2:14).

Y Habacuc creyó en la palabra de Dios. Escuchen su testimonio al final del libro.

> *Aunque la higuera no florezca,*
> *ni haya frutos en las vides;*
> *aunque falle la cosecha del olivo,*
> *y los campos no produzcan alimentos;*
> *aunque en el aprisco no haya ovejas,*
> *ni ganado alguno en los establos;*
> *aun así, yo me regocijaré en el Señor,*
> *¡me alegraré en Dios, mi libertador!*
> (Habacuc 3:17-18)

Las circunstancias no han cambiado en absoluto. Todavía no hay nada bueno alrededor. No obstante, Habacuc confía en la palabra de Dios y toma la decisión de regocijarse.

Escucha. Esto es GOZO DESAFIANTE. A pesar de todo... ¡me regocijaré!

Esto no es un gozo mundano o pasivo que llega cuando las cosas están bien. Es un gozo activo, desafiante y obediente.

Habacuc ha escuchado la palabra de Dios y toma la decisión de regocijarse.

LOS CUATRO PASOS

Tomemos todo eso y trabajemos en ello usando los cuatro pasos que hemos estado explorando.

¡NO PUEDO!

Está bien ser sincero con Dios sobre cómo te sientes. Habacuc fue sincero. No tenemos que fingir sentir algo que no sentimos. ¿Cuántas veces te has parado en la iglesia, y las canciones han comenzado, y no te sientes inclinado a cantar? No sientes ni un destello de nada.

Cuando eso sucede, resulta tentador encogerse de hombros y decir: «Ah, bueno, hoy no lo siento. Me quedaré aquí en silencio hasta que pueda volver a sentarme». O tal vez hacemos un esfuerzo a medias por cantar.

¿Qué tal un enfoque diferente? ¿Qué tal ser sincero con Dios?

«Señor, no puedo alegrarme hoy. No me siento entusiasmado por ti. No tengo ningún deseo de alabarte por tu carácter o tu bondad hacia mí. No puedo hacerlo».

¿Alguna vez le hablas a Dios de esa manera? Es liberador ser sincero con Dios. Él sabe la verdad de todos modos. No necesitamos actuar y fingir que todo está bien.

Sin embargo, no te detienes ahí. Esa sinceridad lleva a la confesión.

¡LO SIENTO!

Mi falta de gozo es un síntoma de que algo va mal. Así que tenemos que confesarlo.

«Confieso que mi falta de gozo es pecaminosa. Está mal y muestra que el pecado está profundamente arraigado en mi corazón. Señor, tú eres siempre bueno y siempre digno de alabanza. No has cambiado; nunca cambias. Diste a tu Hijo por mí. Por favor, perdóname por mi corazón frío y duro. Por favor, perdóname porque me gozo más por las cosas temporales de este mundo que por ti».

Podrías orar así mientras te encuentras en la iglesia sin ganas de cantar. O mientras luchas para abrir tu Biblia por la mañana. O cuando descubres que tu corazón está mucho más emocionado por una nueva casa que por Jesús.

¡AYÚDAME, POR FAVOR!

Este es el momento en el que apartas la mirada de ti y le pides ayuda a Dios. «Por favor, dame gozo». Si el Padre te ordena estar gozoso, entonces puedes estar seguro de que su palabra vendrá con todo el poder necesario para que seas capaz de obedecer. El Señor Jesús murió por tu gozo. El Espíritu Santo te ha sido dado para que puedas estar alegre. El gozo es un componente del fruto del Espíritu que se compromete a crecer en la vida de cada cristiano (Gálatas 5:22-23). Esta es una noticia estupenda. El gozo no es algo que tengamos la responsabilidad de generar por nuestra propia voluntad. Se produce cuando Dios obra en nosotros.

No tenemos que asistir a una gran conferencia ni poner la música adecuada ni perseguir una nueva experiencia. Simplemente tenemos que pedirlo.

¿Le has pedido a Dios que te dé gozo?

Entonces no te quedes ahí parado esperando a que caiga un rayo del cielo. ¡Haz algo!

¡ADELANTE!

No esperes a sentirlo. No esperes que las circunstancias cambien. Sigue el ejemplo de Habacuc en su gozo desafiante: *Aun así, yo me regocijaré en el Señor.* Luego continúa con el regocijo, aunque los sentimientos no afloren.

He aquí un par de sugerencias prácticas acerca de cómo alabar a Dios de manera desafiante. Estoy seguro de que puedes pensar en más.

No te lo tomes a mal, pero quiero animarte a que cantes más fuerte. Si estás en la iglesia y no sientes gozo, una vez que hayas confesado esto y pedido ayuda a Dios, entonces abre la boca y obedece Salmos 33. Mientras más frío esté mi corazón, más fuerte debo cantar. Este es el desafío del gozo. No dejaré que mi corazón frío establezca la agenda de mi vida hoy. A menudo, cuando empiezo a obedecer, experimento los sentimientos de gozo. No obstante, incluso cuando no resulta así, es correcto y bueno obedecer a Dios. Eso es fe en acción.

Usa los salmos. Cuando no tengas deseo de regocijarte, puedes usar las palabras que Dios nos ha dado para alabarlo. Lee un salmo. (Salmos 96 y 98 serían buenos para empezar). Sugiero que lo hagas en voz alta. Podrías tratar de memorizar un salmo y de esa manera puedes regocijarte en Dios mientras caminas por la calle. Hay una batalla por el gozo. Tenemos un papel que jugar mientras caminamos en obediencia.

Con frecuencia sentiremos la desconexión del Sr. Feliz. A menudo encontraremos que nuestra experiencia no coincide con lo que sabemos que debemos sentir. Sin embargo, no te deshagas de la camiseta. No renuncies al gozo y te conformes con un cristianismo mediocre y sin alegría. Eso no es lo que Jesús quiere para ti. Él nos ordena que nos alegremos y nos promete el poder para hacerlo realidad.

Alégrense siempre en el Señor. Insisto: ¡Alégrense!
(Filipenses 4:4)

6

SÉ PERFECTO

Para ser justos, el papel tapiz no estaba exactamente recto. Había algunas burbujas. Y algunos (pequeños) rasgones. Estos se volvieron un poco más obvios porque se trataba de papel tapiz negro (interesante elección, lo sé, pero era muy barato) en una pared blanca. No obstante, luego de un pequeño toque con el marcador permanente negro quedé bastante contento con el resultado. Me consolé con la idea: *Ah, bueno, nadie es perfecto.*

Es curioso cómo a menudo ese pequeño pensamiento es un consuelo para nosotros. Excusa todo tipo de indiscreciones menores, golpes y deslices... y algunos grandes también.

La idea de la perfección nos amenaza porque nos revela tal cual somos. La imperfección nos consuela porque nos asegura que estamos bien.

Ningún padre esperaría nunca la perfección de su hijo. Ningún profesor esperaría nunca eso de sus estudiantes. A fin de cuentas, todos saben que nadie es perfecto.

Por eso nuestro próximo mandamiento resulta tan incómodo.

En el Evangelio de Mateo, como parte de la enseñanza conocida como el Sermón del Monte, Jesús dice:

Por tanto, sean perfectos, así como su Padre celestial es perfecto. (Mateo 5:48)

¿UN POCO IRRAZONABLE?

Busqué la palabra griega para «perfecto», solo a fin de asegurarme. Esta conlleva la idea de estar terminado, completo, sin que le falte nada. Y, para ser claros, la completitud que Jesús tiene en mente es la del mismo Dios. Básicamente, en realidad significa perfecto. No hay forma de darle la vuelta.

Perfecto no es un término relativo. Tuvimos una larga disputa en nuestra casa sobre si algo podía ser «casi perfecto». A menudo usaba la frase y me decían instantáneamente que algo es perfecto o no lo es. No puedes ser *casi* perfecto. Me doy cuenta de que hay cosas más importantes de las que preocuparse, así que por favor no sientan la necesidad de tomar partido, pero tiene sentido. Estrictamente hablando, la perfección es absoluta.

La mayoría de nosotros tiende a acercarse a la vida con una actitud mucho más relativa. Yo me esfuerzo y, mientras no esté tan mal, quedo relativamente satisfecho. Jesús no parece compartir ese sentimiento con sus seguidores. Él es mucho más vehemente. Su mandamiento es, en realidad: «Sean perfectos».

Seamos francos, eso suena bastante irrazonable. Seguramente no puede hablar en serio. Se siente bastante abrumador.

Sería fácil sacudir nuestras cabezas y considerar esto imposible.

Ah, espera un segundo... Esperemos que ese pensamiento nos sea familiar a estas alturas. Sí, *todos* los mandamientos de Dios son imposibles. Este es solo otro. Así que, si podemos superar la conmoción, tal vez este mandato podría ser emocionante y estar lleno de esperanza para nosotros.

Eso es algo que esperamos, pero primero necesitamos entender un poco los antecedentes del mandato de Jesús.

VOLVIENDO A MOISÉS

Cuando Jesús dijo esto hace dos mil años, estaba haciendo alusión a un mandamiento con el que su audiencia judía seguramente estaba muy familiarizada. Aquí hay algo muy similar en los labios de Moisés. Dios le ordenó...

> *que hablara con toda la asamblea de los israelitas y les dijera: «Sean santos, porque yo, el Señor su Dios, soy santo».* (Levítico 19:2)

Ambos mandamientos están estructurados de manera notablemente similar.

> *Sean perfectos, así como su Padre celestial es perfecto.* (Mateo 5:48)

> *Sean santos, porque yo, el Señor su Dios, soy santo.* (Levítico 19:2)

Aquí está la demanda ética básica de la ley del Antiguo Testamento. La misma comienza con el carácter de nuestro fantástico Dios. Él es santo. Desde allí el mandamiento fluye hacia el exterior, hacia su pueblo. Para entender el mandamiento, tiene que empezar con Dios.

Así que ven conmigo mientras exploramos un poco de la maravillosa santidad de Dios. Serán unos pocos párrafos antes de que volvamos al mandamiento, pero valdrá la pena el desvío...

LA SANTIDAD DE DIOS

La santidad es uno de los atributos esenciales de Dios. No se trata simplemente de que Dios posea santidad. No es solo que las acciones de Dios sean santas. No es meramente que Dios ame la santidad. No... ella define lo que es Dios. Él es santo. La santidad es lo que Dios es.

No resulta fácil definir la santidad, pero eso no debería impedirnos intentarlo. Quizás empieces a entenderlo cuando pienses en el primer encuentro de Moisés con Dios. En el capítulo 3 de Éxodo, Moisés vio un arbusto que estaba ardiendo, pero no se quemaba. Él se acercó a la zarza para mirar más de cerca. Entonces Dios le dice:

> *No te acerques más [...] Quítate las sandalias, porque estás pisando tierra santa.* (Éxodo 3:5)

La santidad significa que Moisés no puede acercarse. Esta porción de tierra es diferente. No es como cualquier otra porción de tierra, así que debes quitarte las sandalias. Empiezas a ver que hay algo impresionante, algo incomparable, algo totalmente «único» cuando Dios se acerca.

Una y otra vez, en el Antiguo Testamento, se observa una experiencia similar en relación a la santidad de Dios. Cuando la gente llegaba al Monte Sinaí, la cima de la montaña donde Dios descendió, tenían que mantenerse a distancia. Moisés le dijo a Dios:

> —*El pueblo no puede subir al monte Sinaí, pues tú mismo nos has advertido: «Pon un cerco alrededor del monte, y conságramelo».* (Éxodo 19:23)

¿Ves el mismo lenguaje de nuevo? Este monte no es como cualquier otro monte. Es sagrado. No puede ser tratado simplemente como un monte normal. La presencia de Dios santifica (hace sagrada) la montaña, y eso significa que la gente no puede subir. Solo un hombre puede hacerlo, solo el hombre que Dios ha elegido. La santidad mantiene a las personas fuera.

Luego sucede de nuevo cuando la gente construye una tienda (conocida como el tabernáculo) para albergar la presencia de Dios. En el centro del tabernáculo estaba el Lugar Santísimo. No se podía entrar en ese lugar. Solo se le permitía entrar a un hombre, una vez al año, siguiendo unas instrucciones muy específicas. El mensaje es bastante claro. La santidad de Dios es peligrosa y seria. No se juega en este lugar.

¿Por qué todas estas restricciones? ¿Por qué las personas tuvieron que mantener su distancia? Es porque la santidad y el pecado no pueden mezclarse. Si algo profano entraba en contacto con algo sagrado, eso era un encuentro muy peligroso y casi siempre terminaba en la muerte.

La santidad de Dios implica su absoluta separación de todo lo impuro. Dios no es como nosotros, esa es su santidad. No hay nada en él que lo estropee. Nada. La santidad de Dios exige que el pecado se mantenga alejado.

ENTONCES, ¿LA SANTIDAD ES UNA NOTICIA BUENA O MALA?

En este punto, podrías ser perdonado por pensar que la idea de la santidad es una cosa bastante negativa. Es justo decir que no solemos asociar la santidad con el gozo. Esta se siente mucho más sombría y seria. Incluso podríamos pensar que la santidad de Dios significa que él no quiere tener nada que ver con nosotros, porque definitivamente no somos puros y perfectos en todos los sentidos.

No obstante, simplemente ver la santidad de esa manera sería un gran error. Si Dios quisiera permanecer separado del pecado, entonces podría haberse quedado en el cielo y lavarse las manos en cuanto a su participación en cualquier otra parte de la historia de la humanidad. Si esa fuera la expresión de la santidad de Dios, sería realmente una noticia terrible.

Sin embargo, de forma maravillosa, la santidad de Dios no actúa así.

Él se acerca. Aparece en una zarza ardiente; desciende a la cima de un monte; habita en una tienda. Su santidad nos mantiene alejados y aun así él también se acerca a nosotros. Su santidad es aterradora y a la vez hermosa. La santidad de Dios lo lleva no solo a descartar a los pecadores como causas perdidas. Es más, va en dirección completamente opuesta. Es la santidad de Dios la que lo impulsa a obrar a fin de crear un pueblo para sí mismo que también pueda ser llamado santo.

UNA NACIÓN SANTA

En el Antiguo Testamento, el pueblo de Dios —Israel— es llamado una «nación santa». Eso debería parecerte algo notable después de todo lo que hemos visto. Solo Dios es santo, esta es su esencia fundamental, ¿y ahora un grupo de personas está siendo llamado por el mismo nombre?

Recuerda la zarza, el monte y la tienda. La zarza no era un arbusto ordinario. Estaba separado; era diferente. La presencia de Dios lo había hecho sagrado.

Así ocurre con el pueblo de Dios. Ellos no son personas comunes. Dios los ha rescatado de la esclavitud. Los ha elegido, les ha hablado, y crucialmente ha bajado a vivir entre ellos. Así que son santos.

LA CUESTIÓN DE LEVÍTICO

No obstante, ¿cómo es eso posible? ¿Cómo puede el Dios santo vivir entre un pueblo no santo? Seguramente eso es imposible. ¿Puedo sugerirte que te detengas para sentir el peso y el significado de esa pregunta? Nuestro Señor es totalmente, perfectamente, asombrosamente santo. Si no vemos el problema, tal vez no hemos comprendido la santidad de Dios.

Podemos estar en peligro de tratar al pecado muy a la ligera. Sabemos que Dios nos perdona y nos ama, y por eso podemos sentirnos tentados a pensar que el pecado no es gran cosa. Pero la santidad de Dios nos empuja a detenernos un momento y pensar. Dios sigue siendo absolutamente santo y, por lo tanto, no puede simplemente sonreír y tolerar el pecado.

Esta es una pregunta tan grande en el Antiguo Testamento que hay todo un libro de la Biblia dedicado a responderla: ¡el magnífico libro del Levítico! Al final del libro de Éxodo, tenemos a Dios viviendo entre su pueblo en el tabernáculo que han hecho. Suena grandioso, pero no puedes escapar a la pregunta. ¿Cómo es eso *posible*?

En realidad, solo hay dos opciones. O bien el pueblo tiene que volverse santo (lo cual no va a suceder) o Dios tiene que proporcionar una manera de hacer al pueblo santo.

Levítico explica con un poder impresionante que Dios provee el camino (Levítico 16). Este nos muestra lo que se requiere para que un Dios santo viva entre personas no santas.

Él busca una manera de que sus pecados sean expiados, tratados y completamente eliminados. El pecado es transferido a un animal sustituto. El animal es luego sacrificado para pagar la pena que el pecado merece y quitarlo (en eso consiste la expiación). El pueblo es entonces santificado.

Esa es la clave. Ellos no se vuelven santos, Dios los hace santos y —solo entonces— Moisés da la orden: (aquí regresamos de nuevo al mandamiento)

Sean santos, porque yo, el Señor su Dios, soy santo. (Levítico 19:2)

No se le dice al pueblo que alcance la santidad, Dios se la ha proporcionado. Ellos ya son su pueblo santo. No se trata de lograr la santidad; se trata de *vivir lo que realmente son*.

> *Dios es santo.*
>
> *Él hace a su pueblo santo.*
>
> *Luego les ordena que vivan en esa santidad.*

EL PROBLEMA DE NÚMEROS

Por desdicha, en el siguiente libro de la Biblia, Números (y a partir de entonces), las personas no viven en este estatus. Se vuelven similares a todas las demás naciones. Actúan como si no fueran especiales ni diferentes ni apartados.

El arbusto lo entendió bien, pero el pueblo no. Fallan una y otra vez. Quieren un rey como las otras naciones; quieren dioses como las otras naciones; quieren ejércitos como las otras naciones.

Se supone que son santos, pero no lo son. Así que Dios está justamente enojado y castiga a su pueblo.

Es evidente que se requiere algo más... y, maravillosamente, se planea algo más.

En Mateo 5:1, Jesús sube a la ladera de una montaña en Galilea (suena muy parecido a lo ocurrido con Moisés). Sin embargo, las cosas son diferentes con Jesús. En los días de

Moisés, el pueblo tenía que quedarse en la base de la montaña, pero aquí el pueblo sube a la montaña para escuchar (tanto los discípulos de Jesús como las multitudes, Mateo 7:28). Aquí hay una pista de que Jesús va a hacer más de lo que Moisés pudo hacer.

Jesús les enseña y luego da el mandamiento:

Sean perfectos, así como su Padre celestial es perfecto. (Mateo 5:48)

UN PADRE PERFECTO

Al igual que con Moisés, el mandato de Jesús se basa en el carácter de Dios. El Señor es perfecto. No ha cambiado desde los días de Moisés. No ha bajado sus estándares, no se ha vuelto más tolerante con el pecado, no está facilitando las cosas. No obstante, Jesús llama a Dios nuestro «Padre celestial».

Surge la misma pregunta. ¿Cómo puede el Dios perfecto llamar a personas imperfectas para que sean sus hijos? ¿Cómo puede Dios hacer eso sin estropear su propia perfección? Estamos de vuelta en el territorio de Levítico.

No te sorprenderá saber que la respuesta es la misma (¡pero mejor!). Dios hace a sus hijos perfectos. Los hace santos. Al igual que en Levítico, Dios provee una manera de que las personas imperfectas sean perfectas. Sin embargo, ahora no se trata del sacrificio de un animal que ocupa nuestro lugar... se trata del impecable, perfecto y santo Hijo de Dios.

Jesucristo murió en nuestro lugar. Cuando nos acercamos a él y admitimos nuestra falta de santidad (todas las maneras en las que hemos fallado), ese pecado se transfiere a Jesús y él se ocupa del asunto por completo. Al morir Jesús en la cruz, la ira de Dios fue satisfecha, nuestro pecado fue removido y ahora podemos ser sus hijos.

La perfección y la santidad de Dios no lo hacen pararse a distancia y sacudir la cabeza. Lo impulsan a acercarse mucho más para así poder hacernos santos y aceptarnos como sus hijos.

Entonces y solo entonces, da el mandamiento. Tu Padre celestial es perfecto. Si has puesto tu confianza en Jesús, Dios te ha aceptado, te ha limpiado, te ha purificado, te ha hecho perfecto. Así que ahora debes vivir de acuerdo a esto.

La perfección no es un objetivo al que apuntamos; es un regalo que hemos recibido. La perfección no es el estándar que tienes que alcanzar para ser aceptado en la familia de Dios; es el estándar que Jesús ha cumplido para darte la bienvenida a ella.

TODA UNA VIDA

Así que la perfección constituye una buena noticia. Define cómo es Dios y es hermosa. Es el regalo que Dios nos ha dado al recibirnos en su familia. Y todo eso significa que la perfección se convierte ahora en el privilegio que perseguimos.

Vivimos a partir de lo que Dios nos ha dado. No con miedo, sino con alegría.

Esta fue la gran visión del apóstol Pablo para la iglesia. Él predicó el precioso evangelio de Jesús con un objetivo muy claro.

A este Cristo proclamamos, aconsejando y enseñando con toda sabiduría a todos los seres humanos, para presentarlos a todos perfectos en él. (Colosenses 1:28)

Tendemos a conformarnos con algo mucho menor a los planes que Dios tiene para nosotros. Amamos el mensaje del perdón y que el problema del pecado haya sido resuelto completamente, pero no siempre permitimos que eso se desborde en un deseo urgente y apasionado de perfección.

El pueblo del Antiguo Testamento no vivió como el pueblo santo de Dios. No tenían el poder para vivir de esa manera. Entonces, ¿qué esperanza tenemos nosotros de hacerlo mejor? ¿No fracasaremos también?

La venida de Jesús, además, ha traído otro cambio significativo. Para que podamos vivir como su pueblo santo, nos ha dado su Espíritu Santo. La pista está en el nombre. El Espíritu Santo vive en nosotros y, solo cuando caminamos con él, encontramos el poder para vivir esta nueva vida.

Esto es imposible para nosotros, pero no para Dios. Todo es posible con él (Lucas 18:27).

Cuando comprendemos quiénes somos como hijos preciosos de Dios, todo cambia. Cuando entendemos que Dios nos ha dado su Espíritu Santo para permitirnos cambiar, eso lo transforma todo. La perfección de Dios se convierte en una hermosa realidad que puede inspirarnos a perseguir más. Hay esperanza y gozo al ver lo que Dios ha planeado para nosotros.

Déjame aclarar que la Biblia dice que no alcanzaremos la perfección en esta vida. Fracasaremos. Seguiremos pecando. Sin embargo, eso ya no nos define. En los días en que fallamos, confesamos ese pecado y encontramos que Jesús es el que se ocupa de ello por completo. Entonces vamos de nuevo. Poco a poco avanzamos; poco a poco ganamos victorias sobre el pecado. Es una batalla dolorosa, pero no dejamos de luchar. Y un día, Jesús volverá y seremos hechos como él. Ese día, la perfección llegará y la batalla terminará. No obstante, hasta ese momento, deja que la perfección te inspire, te anime y te impulse a ser más y más como Jesús.

LOS CUATRO PASOS

¡NO PUEDO!

La perfección está fuera de nuestro alcance. Sin embargo, eso no significa que deba estar fuera de nuestro radar. Jesús no nos está llamando a un nivel de santidad «manejable». No nos pide que intentemos hacer lo mejor que podamos. Tampoco se supone que nos pasemos nuestras vidas comparándonos con los demás y consolándonos con el pensamiento de que nadie es perfecto. Esto solo nos lleva a tolerar el pecado. Esto significa encogernos de hombros y volvernos complacientes. La visión que Dios tiene para ti es mucho mejor que eso.

Aun así, no es algo que puedas lograr por ti mismo.

¿En qué áreas de tu vida tienes conciencia de que existen imperfecciones? ¿Cuáles son las formas en que te comportas que sabes que no son ideales, pero que estás dispuesto a tolerar?

Sé sincero con Dios en cuanto a que no puedes ser perfecto. Cuéntale las cosas grandes y pequeñas con las que realmente luchas. Dile lo difícil que te resulta y lo tentado que te sientes incluso a dejar de intentarlo. Explícale las maneras en que te has conformado con ser «suficientemente bueno». Busca las formas en que estás excusando el pecado.

¡LO SIENTO!

Ahora confiésale esas cosas. A Dios no solo le molestan los pecados grandes. Él no tiene un nivel al que espera que llegues. El setenta por ciento no constituye la marca de aprobación.

Pasa un tiempo meditando sobre la santidad y la perfección de Dios. No te compares con la gente que te rodea; siempre podemos encontrar personas que nos hagan quedar bien.

Más bien piensa en la santidad de Dios y confiesa tu pecado. Tratamos el pecado con ligereza cuando no vemos a Dios como realmente es. Cuando Dios es pequeño, nuestro fracaso no es gran cosa. Pero cuando empezamos a ver la santidad absoluta de Dios, el pensamiento del más pequeño pecado nos hace temblar. La confesión no empieza mirando hacia dentro y viendo lo que me hace sentir mal. Comienza observando a Dios y viendo cuán desesperadamente me quedo corto.

Sin embargo, mientras confiesas, recuerda lo que Dios ha hecho. Su santidad no te mantiene fuera; su perfección no te aleja. Dios ha provisto la manera de hacerte perfecto. Todos los pecados, grandes y pequeños, han sido puestos en Jesús y resueltos por completo.

Puedes estar en la santa presencia de Dios como uno de sus hijos santos y perfectos. Sin miedo.

Solo Jesús tuvo una vida perfecta. Solo Jesús puede perdonar nuestros fracasos. Solo Jesús puede ofrecernos esperanza.

¡AYÚDAME, POR FAVOR!

Todos los que han venido a Jesús ya han sido santificados. Ese es su estatus e identidad. Se han unido a Jesús, el Santo, y comparten su santidad. Dios ha venido a vivir entre nosotros por medio de su Espíritu Santo. ¡Lo que era temporalmente cierto para la zarza es ahora permanentemente cierto para ti! Así que dedica un tiempo a agradecerle.

En lugar de definir tu identidad en términos de tus fracasos, pídele a Dios que te ayude a apoderarte de la nueva identidad que es tuya en Cristo.

El mandamiento que Jesús da de «ser perfecto» ya no está en tu contra. Aunque una vez el mandamiento de Dios resaltó tu fracaso, ahora expresa el propósito de Dios para nuestras vidas. Permite que este mandamiento cause que la esperanza se eleve dentro de ti: esperanza frente a tu fracaso; esperanza, no en tu poder, sino en el de él.

Pídele a Dios que te ayude a perseguir alegremente la perfección y que te dé momentos en los que seas en verdad perfecto, un hijo a semejanza de su Padre. El Espíritu Santo de Dios vive en nosotros y nos hace santos.

Considera las luchas del primer paso y pide específica y cuidadosamente el poder de Dios para progresar.

¡ADELANTE!

Vale la pena repetir que no alcanzaremos la perfección de este lado del cielo, pero eso no debería impedirnos perseguirla insistentemente con el poder de Dios.

Me descubro volviendo a los mismos pecados viejos una y otra vez. Entramos en un patrón cuando podemos dejar de intentarlo de nuevo. Tal vez este capítulo despierte en nosotros el deseo de progresar. Tal vez la realidad de la perfecta santidad de Dios estremezca nuestra complacencia y nos ayude a buscar apasionadamente la perfección.

Para que eso ocurra, necesitamos hacer algunos cambios. ¿Cuáles son los pasos que te ayudarán a progresar? No te dejes intimidar por la perfección, inspírate a progresar hoy.

Y como la perfección es la meta, una vida entera de gozosa obediencia está por delante. Entonces, un día glorioso, Jesús regresará... y en ese momento la batalla habrá terminado y seremos perfectos para siempre.

Sean perfectos, así como su Padre celestial es perfecto. (Mateo 5:48)

7

No tengas temor

Mi editora les tiene temor a las arañas. Le asustan tanto que nunca puede poner un vaso sobre una para atraparla. En lugar de eso, tiene que usar un gran tazón para mezclar. Y, una vez, porque la bestia de ocho patas parecía preocupantemente fuerte, colocó sobre el tazón un libro pesado hasta que alguien pudo acudir a rescatarla. Sí, de verdad.

Todos tenemos miedo a veces. Todos nos sentimos abrumados. Esta es una experiencia humana muy normal. Sin embargo, ante ese miedo, Dios nos dice: «No tengas temor». ¿Cómo podemos siquiera comenzar a obedecer ese mandamiento?

En primer lugar, pensemos en el temor. He descubierto que experimento temor cuando me doy cuenta de que los recursos que tengo no se ajustan a la situación que estoy enfrentando.

¿Recuerdas haber jugado en un sube y baja? Es muy divertido cuando tienes un amigo del mismo tamaño que tú. Rebotas de arriba a abajo y todo está bien. No obstante, es un juego totalmente diferente cuando un adulto está en un extremo y un niño de tres años en el otro. El niño no tiene los recursos para igualar el peso del adulto. Se queda varado en el aire agitando las piernas. No hay nada que pueda hacer; está completamente a merced de la persona más pesada.

En un sube y baja eso puede ser divertido, pero, cuando sucede en la vida real, puede resultar aterrador. A veces, una situación aterriza en un extremo de nuestro sube y baja y no tenemos a disposición los recursos para hacerle frente. Es demasiado grande para nosotros y nos quedamos varados en el aire tratando desesperadamente de encontrar alguna manera de retomar el control. Nuestras piernas se balancean con fuerza, pero no estamos nada cerca del suelo. Simplemente no tenemos el poder. Todo es inútil y por eso experimentamos temor.

Los recursos que tenemos no están a la altura de la situación a la que nos enfrentamos. ¿Alguna vez te has sentido así?

EL TEMOR ES PERSONAL

¿De qué tienes *tú* temor?

Nuestros temores son muy personales para nosotros. Podemos tenerle miedo a una enfermedad grave o a la muerte de un ser querido, la pérdida de un trabajo o la falta de dinero. Algunos le tememos al fracaso o a cómo responderán otros cuando fallemos. Otros se preocupan por cosas aparentemente más pequeñas, y el miedo se agrava al temer que otros se burlen de nosotros por un temor que los demás nunca han sentido.

Algunos de nosotros, afortunadamente, rara vez tenemos temor; para otros, es una lucha diaria.

No obstante, sin importar que nuestros temores sean grandes o pequeños, raros o usuales, el Señor nos invita a llevarlos a él. Nunca se burla de nosotros por tener temor, pero tampoco nos dejará en esa situación. Nos llama a acudir a él con nuestros temores, sean cuales sean.

MÁS ALLÁ DE NUESTRA CAPACIDAD

Las cosas que nos asustan no son solo las situaciones reales a las que nos enfrentamos, a veces son las cosas que pensamos que *pueden* suceder las que nos aterrorizan. Sentimos como si estuviéramos equilibrando el sube y baja, pero en cualquier momento algo grande va a aterrizar que nos enviará al límite. Le tememos a lo que *podría* suceder.

El apóstol Pablo escribe sobre esto. Mira el lenguaje que usa en 2 Corintios:

> *Hermanos, no queremos que desconozcan las aflicciones que sufrimos en la provincia de Asia. Estábamos tan agobiados bajo tanta presión que hasta perdimos la esperanza de salir con vida.* (2 Corintios 1:8)

¿Te suena familiar? La presión que estaba experimentando Pablo era tan grande que él se encontraba completamente fuera de control. Todos nos enfrentamos algunas veces a estas situaciones que van «más allá de nuestra capacidad», en especial cuando sabemos que no tenemos lo que se necesita para salir adelante.

CREE EN TI MISMO

El implacable mensaje de que solo necesitamos «creer en nosotros mismos» no nos ayuda. Este proviene de los atletas, las estrellas del pop, los libros de autoayuda, las películas de Disney y más. Ellos siguen repitiendo el mismo mensaje básico: hay un héroe dentro de ti; hay un poder dentro de ti; busca en tu interior y libera el poder que posees.

Escuchamos este mensaje y creemos que se supone que somos capaces de hacer cualquier cosa, pero luego descubrimos que llegan situaciones con las cuales no tenemos el poder para lidiar. Es entonces cuando nos asustamos.

Tenemos recursos limitados. A pesar de lo que dice nuestra cultura, hay muchas situaciones a las que nos enfrentamos que están mucho más allá de nuestra capacidad. Esto no es darse por vencido (llegaremos a un mejor camino en un momento), más bien es solo ser sincero. Y admitir nuestra debilidad representa un gran alivio.

No necesitamos fingir que tenemos el control; no necesitamos fingir que estamos enfrentando las cosas bien. Está bien admitir que nos sentimos como un niño de tres años que se halla completamente descontrolado e impotente para hacer algo al respecto.

UNA SOLUCIÓN DE PESO

La Biblia nunca minimiza nuestros temores. Una y otra vez nos encontramos con personajes piadosos que experimentan el temor. Personas como Abraham, Moisés, Josué, Ester, Gedeón, David, María... de hecho es bastante difícil encontrar un personaje de la Biblia que no haya experimentado temor.

Resulta muy importante que nos demos cuenta de esto. Dios no ve nuestros temores como irracionales o ridículos, ni siquiera los «pequeños». Él nunca sugiere que deberíamos simplemente controlarnos. Jamás dice que estamos siendo tontos. En su lugar, nos da una Biblia llena de gente que se sintió asustada, de todo tipo de personas que se enfrentan a todo tipo de situaciones que estaban muy, muy por encima de ellos. Los temores son muy reales.

Sin embargo, Dios tampoco deja que estos temores tengan la última palabra.

La última palabra le pertenece al Señor, y esa palabra siempre es: «No tengas temor». Esta es la respuesta normal de Dios a nuestros temores, y se repite una y otra vez en las páginas de la Biblia:

> Esa noche se le apareció el Señor, y le dijo: «Yo soy el Dios de tu padre Abraham. **No temas**, que yo estoy contigo...». (Génesis 26:24)

> —**No tengan miedo** —les respondió Moisés—. Mantengan sus posiciones, que hoy mismo serán testigos de la salvación que el Señor realizará en favor de ustedes. (Éxodo 14:13)

> Ya te lo he ordenado: ¡Sé fuerte y valiente! ¡**No tengas miedo** ni te desanimes! Porque el Señor tu Dios te acompañará dondequiera que vayas. (Josué 1:9)

> —**No tengas miedo**, María; Dios te ha concedido su favor —le dijo el ángel. (Lucas 1:30)

> [Jesús dijo:] La paz les dejo; mi paz les doy. Yo no se la doy a ustedes como la da el mundo. No se angustien **ni se acobarden**. (Juan 14:27)

Una vez más, por favor, nota que esto es un mandamiento, no una sugerencia o un eslogan motivacional. Dios le está ordenando a su pueblo que no tenga temor.

MUY BIEN... PERO, ¿CÓMO?

¿Cómo puede Dios decir eso? ¿Cómo es posible no tener temor cuando la vida está tan obviamente más allá de nuestra capacidad?

La respuesta es bastante simple de entender (mucho más difícil de implementar). Aunque hay muchas cosas que están más allá de nuestra capacidad, no hay nada que supere *su* capacidad. No hay ningún problema, ni batalla, que tenga más peso que Dios. En el momento en que Dios se nos une en nuestro extremo del sube y baja, encontramos el poder que necesitamos para volver a poner los pies en la tierra.

Cuando Dios nos ordena no tener temor, no está sugiriendo que no hay nada que temer y que debemos dejar de comportarnos tontamente. Tampoco está sugiriendo que tenemos el poder dentro de nosotros si tan solo pudiéramos buscar en nuestro interior. No, más bien nos manda que nos demos cuenta de todos los recursos que hay en él y encontremos nuestra seguridad allí. Su mandamiento: «No tengas temor», viene con la poderosa promesa: «Yo estaré contigo» (ejemplo Deuteronomio 20:1, 31:8; Josué 1:9; Hechos 18:9-10; Filipenses 4:6-9).

Esto es lo que Pablo descubrió cuando se enfrentó a situaciones «más allá de su capacidad». Escuchen lo que dice:

Nos sentíamos como sentenciados a muerte. Pero eso sucedió para que no confiáramos en nosotros mismos, sino en Dios, que resucita a los muertos. Él nos libró y nos librará de tal peligro de muerte. En él tenemos puesta nuestra esperanza, y él seguirá librándonos. Mientras tanto, ustedes nos ayudan orando por nosotros. Así muchos darán gracias a Dios por

nosotros a causa del don que se nos ha concedido en respuesta
a tantas oraciones. (2 Corintios 1:9-11)

Esto es lo opuesto a la teología de Disney. El temor y la desesperación de Pablo no lo impulsaron hacia sí mismo. Al contrario, lo llevaron a una mayor confianza en Dios. Pablo no buscó en su interior; buscó al Señor.

Dios es más fuerte que cualquier cosa que enfrentemos. Dios es más fuerte incluso que la misma muerte. Pablo describe a Dios como el que resucita a los muertos. Con Dios de nuestro lado, no tenemos nada que temer.

Todo eso suena bien en teoría, pero ¿qué significa realmente obedecer este mandato de no tener temor?

EL TEMOR COMO LA SOLUCIÓN AL TEMOR

Tendrás que tener paciencia conmigo por un segundo, porque esto va a sonar un poco raro... pero la respuesta de la Biblia es que la solución a nuestros temores consiste en reemplazarlos por un temor mayor.

Siempre me desconcertó cuando era niño que la solución al sarampión fuera el sarampión. Inyecta una dosis menor de sarampión, y el cuerpo construirá una inmunidad natural. Bueno, la solución a nuestro temor es el temor. Sin embargo, en este caso no es una dosis menor la que necesitamos, sino una dosis mucho más grande de lo que nos hemos dado cuenta. ¿Confuso? Sigue leyendo.

En Éxodo leemos sobre un fascinante momento en el que el pueblo de Dios está al pie del monte Sinaí y Dios mismo se encuentra en la cima de la montaña en medio de truenos y relámpagos. La gente está temblando de miedo. Ellos están convencidos de que van a morir debido a que Dios es muy asombroso.

Escucha lo que Moisés le dice al pueblo:

—*No tengan miedo [...] Dios ha venido a ponerlos a prueba, para que sientan temor de él y no pequen.* (Éxodo 20:20)

Ahí está nuestro mandamiento imposible de nuevo: *no tengas temor.* Hay un tipo de temor equivocado. Las personas se encuentran aterrorizadas porque saben que no tienen los recursos en sí mismas para enfrentar a Dios. Están mirando en su interior y por eso se sienten asustadas.

No obstante, observa con cuidado la forma en que deberán evitar el temor. Es *el temor de Dios* el que les impedirá pecar. La manera de no tener temor es temer a Dios.

La solución al temor equivocado no es no tener temor, sino tener el temor correcto.

El temor de Dios es tan poderoso que puede expulsar todos los demás temores. Esta es la clave. Lo cual plantea la pregunta obvia. ¿Qué significa temer a Dios?

TEMER A DIOS

Este es un concepto enorme en la Biblia. No tenemos tiempo para desarrollarlo completamente, pero por ahora hablemos de ello en términos de cuán grande es nuestra visión de Dios.

El temor normal funciona así: *Yo soy pequeño y el enemigo es muy grande; por lo tanto, tengo miedo. ¡Huy!*

El temor divino se ve así: *Yo soy pequeño, el enemigo es muy grande; pero Dios es más grande y, por lo tanto, le temo.*

Ese es el cambio clave en nuestro entendimiento. Dejamos de mirar lo pequeños que somos, dejamos de mirar lo grande que es el enemigo y empezamos a mirar la enorme grandeza de Dios. Esto es lo que Dios quiere dar a entender cuando dice: «No tengas temor».

Nuestra tendencia natural es reducir a Dios y confiar en nosotros mismos. Eso es lo que nos lleva a una vida de temor y ansiedad. Es la tontería del pecado humano. Nos ponemos en el trono y luego nos preguntamos por qué estamos tan estresados todo el tiempo. Estamos tratando de sentarnos en un lugar para el cual no fuimos diseñados. No somos lo suficiente fuertes para hacerle frente a la realidad de la vida y la muerte.

No obstante, temer a Dios significa reconocer cuán fuerte y asombroso es él y dejar que tome el lugar que le corresponde. Reemplazar nuestros temores por el temor a Dios significa que miramos más allá de nosotros mismos, más allá de nuestras situaciones, y nos enfocamos en Aquel que tiene todo el poder.

Dios no trata de halagarnos diciéndonos que tenemos el poder dentro de nosotros. Tampoco menosprecia nuestros problemas y nos dice que dejemos de preocuparnos. No. Dios levanta nuestros ojos para que podamos verlo a él. Nos llama a mostrarnos humildes, maravillados, emocionados y encantados por su gran poder. Temer a Dios no significa tenerle miedo o terror, sino verlo como realmente es, en toda su asombrosa majestad y poder. Significa reverenciarlo y obedecerlo.

Tema toda la tierra al Señor; hónrenlo todos los pueblos del mundo. (Salmos 33:8)

Este es el Dios que creó y ama al mundo. En lugar de castigarnos por nuestros actos desafiantes de autosuficiencia, dio a su Hijo Jesús para salvarnos. Jesús ha enfrentado nuestro pecado, ha enfrentado nuestra muerte, y ha enfrentado a nuestros enemigos con todos los recursos de Dios. Él murió y resucitó a fin de ganar la victoria para nosotros.

Cuando dejas de confiar en ti mismo y, en cambio, confías en el poder de Dios, te conviertes en su hijo. No le temes como a un enemigo, sino que lo conoces como a un Padre maravilloso.

Aquí es donde tiene lugar la batalla: al reemplazar tus temores por un temor mucho mayor. El temor normal nos deja inciertos y ansiosos. El temor divino nos deja confiados y en paz.

LA BUENA INTENCIÓN DE DIOS

Déjame llevar esto un poco más lejos. Vimos en 2 Corintios cómo el apóstol Pablo habló de esas experiencias «más allá de nuestra capacidad»:

> *Estábamos tan agobiados bajo tanta presión que hasta perdimos la esperanza de salir con vida [...] Pero eso sucedió para que no confiáramos en nosotros mismos, sino en Dios, que resucita a los muertos.* (2 Corintios 1:8-9)

Él dijo que *estas cosas sucedieron para que* no confiáramos en nosotros mismos, sino en Dios. ¿Percibes la intencionalidad en lo que dice Pablo? Había una razón por la que Pablo experimentó esas situaciones y fue para llevarlo a confiar en Dios.

Las situaciones aterradoras que enfrentamos son una oportunidad para que aprendamos esta misma lección; para que aprendamos a confiar en Dios y no en nosotros mismos.

Imagina que has vivido toda tu vida y nunca te has enfrentado a nada que supere tu capacidad. Nunca aprenderías a confiar en Dios y vivirías con la ilusión de que no lo necesitas. Dios te ama demasiado como para permitirte vivir de esa forma. Y así Dios, como un Padre celestial amoroso, te lleva a situaciones que están más allá de tu capacidad para que confíes en él.

Cuando sentimos nuestra debilidad, cuando sentimos temor, esa es una oportunidad que Dios nos da para descubrir de una manera nueva el poder y el amor divinos.

No digo que sea fácil. Muchos de nosotros conocemos la realidad de las noches sin dormir y las lágrimas dolorosas. Conocemos las preguntas que giran en torno a nuestra mente y los temores que persiguen nuestros sueños.

Sin embargo, nuestra incapacidad es una oportunidad para aprender a temer a Dios. Él es bastante fuerte. Él tiene los recursos.

UN CASO DE ESTUDIO

Había tres amigos —Sadrac, Mesac y Abednego— que vivían en una tierra extranjera llamada Babilonia. Ellos eran parte del pueblo de Dios, pero Dios parecía estar bastante distante, y un hombre llamado rey Nabucodonosor parecía estar a cargo. El rey dio la orden un día de que todos en su reino se inclinaran y adoraran la estatua que él había hecho. Cualquiera que se negara sería arrojado a un horno ardiente.

Sadrac, Mesac y Abednego se enfrentaron a una elección. ¿Se inclinarían ante la estatua o permanecerían fieles a Dios?

Imagino que tuvieron noches de insomnio. Imagino que tenían mucho, mucho temor. El rey Nabucodonosor era un enemigo muy grande con mucho poder y ellos eran muy pequeños. La situación era superior a su capacidad y no se les podía culpar si cedían bajo la presión. No obstante, ellos razonaron las cosas de manera diferente. Modelaron lo que significa temer a Dios. Se negaron a inclinarse y, cuando el rey Nabucodonosor se enfrentó a ellos, esto es lo que dijeron:

> *¡No hace falta que nos defendamos ante Su Majestad! Si se nos arroja al horno en llamas, el Dios al que servimos puede librarnos del horno y de las manos de Su Majestad. Pero, aun si nuestro Dios no lo hace así, sepa usted que no honraremos a sus dioses ni adoraremos a su estatua.* (Daniel 3:16-18)

¿Lo has oído? No están mirando a Nabucodonosor. Es un enemigo muy fuerte, pero están mirando más allá de él. Están mirando a Dios, y están seguros de que él es capaz de salvarlos.

Esto no es un heroísmo basado en la seguridad en sí mismos; imagino que estaban aterrorizados, pero eligieron no ceder ante el temor, sino más bien temer a Dios. Sentían temor, pero no permitieron que ese temor les impidiera obedecer a Dios. Él es capaz. Eso es lo que necesitaban saber.

LOS CUATRO PASOS

¡NO PUEDO!

No creo que sea un paso difícil para la mayoría de nosotros cuando se trata de este mandamiento. A menudo nos encontramos sintiendo temor. Muchos de nosotros nos ponemos muy ansiosos y tenemos todo tipo de razones para ello. Las situaciones a las que nos enfrentamos son a veces tan difíciles y grandes que parece que no hay forma de superarlas. Otros temores pueden parecer más pequeños, pero nos dejan con un nudo en el estómago o dando vueltas en nuestra cama por la noche. Quiero animarte a que seas sincero con Dios sobre eso. Dile exactamente cómo te sientes. Cuéntale tus temores y lo que provocan en ti. Él no te está pidiendo que seas valiente. No te está pidiendo que te comportes como un hombre. ¡Qué concepto tan ridículo y poco útil es ese! Nos asustamos porque somos pequeños.

¡LO SIENTO!

Este paso es más difícil. A menudo queremos excusarnos de la culpa en esta área de la ansiedad. Sé que hay todo tipo de causas para nuestra ansiedad y es un área extremadamente compleja. Algunos de nosotros necesitaremos buscar ayuda para poder procesar y progresar en esta área. Si ese eres tú, ¿por qué no planeas hablar con alguien sobre esto muy pronto? Tal vez tu pastor, un médico o un amigo cristiano maduro.

No obstante, quiero decir gentilmente que no progresaremos si no nos responsabilizamos por nuestra parte en lo que respecta a nuestras ansiedades. No somos simplemente víctimas, sino que todos elegimos día a día tratar de colocarnos en el trono de nuestras vidas. No fuimos diseñados para ocupar ese lugar y no tenemos los recursos para lidiar con ese espacio. Tenemos que confesar las formas en que nos hemos mirado a nosotros mismos en lugar de a Dios.

No confesamos para condenarnos a nosotros mismos. Confesamos porque Jesús fue condenado en nuestro lugar y en él encontramos el perdón de nuestro pecado. Él murió por tus pensamientos ansiosos. Murió por tu preocupación. Murió para perdonarte.

¡AYÚDAME, POR FAVOR!

Luego tenemos que pedir ayuda. *Por favor, ayúdame a no tener más temor. Por favor, ayúdame a verte como realmente eres. Por favor, ayúdame a ver la realidad más claramente. Por favor, déjame ver que eres más grande, mucho más grande que cualquier cosa o persona a la que pudiese temer.* Si Dios nos ordena que no tengamos temor, también nos dará todos los recursos necesarios para cumplir ese mandamiento.

Si confías en Jesús, entonces Dios no está en tu contra. Sus mandamientos no están en tu contra. Él está de tu lado y en tu esquina prometiéndote el poder para luchar contra la ansiedad y el temor.

El Espíritu Santo es el maravilloso regalo de Dios para sus hijos que luchan. A él le encanta cuando se lo pedimos.

¡ADELANTE!

La pelea ha comenzado. Esto no es un arreglo rápido, pero espero que puedas empezar a ver al menos dónde está la batalla. No se nos pide que intentemos ser valientes. No nos dicen que dejemos de preocuparnos. Esa no es la batalla. No, la batalla está en ver a Dios más claramente. Ahí es donde tenemos que centrar nuestros esfuerzos. La batalla está en reemplazar nuestros temores por un temor mayor. Es una batalla que se libra todos los días, ya que el tamaño de los enemigos que enfrentamos a veces parece ser enorme. Sentimos que el sube y baja se inclina y perdemos el control.

Justo ahí, en ese momento, es donde la batalla se libra y donde hay que luchar.

El pensamiento lleno de ansiedad no es un pecado. Es una encrucijada que te presenta una opción. Es una oportunidad. La cuestión clave es lo que harás con ese pensamiento ansioso.

¿Dejarás que esas preocupaciones te alejen de Dios y te lleven a las fauces de la desesperación? ¿O dejarás que esas preocupaciones te lleven a los amorosos brazos de tu poderoso Padre?

Levanta tus ojos más allá de la ansiedad y observa la grandeza de Dios. Busca a un amigo cristiano de confianza para que te acompañe en la batalla. Es difícil dejar que otros conozcan nuestras luchas, pero necesitamos a otros en esta pelea.

Para muchos de nosotros esta es una batalla que se libra con una intensidad feroz. No digo que esto sea fácil. No obstante, con mucha sinceridad, confesión y el poder del Espíritu Santo, podemos progresar.

No temas [...] yo estoy contigo. (Génesis 26:24; Isaías 43:5; Jeremías 1:8)

8

ÁMENSE LOS UNOS A LOS OTROS

[Jesús dijo:] «Este mandamiento nuevo les doy: que se amen los unos a los otros. Así como yo los he amado, también ustedes deben amarse los unos a los otros». (Juan 13:34)

En un sentido, el amor es muy fácil. Cualquiera puede amar. De hecho, todo el mundo lo hace. No tienes que recibir órdenes para hacerlo; solo sucede naturalmente. Alguien (o algo) encantador se cruza en tu camino y te encuentras reaccionando con amor.

Por ejemplo, a un nivel muy superficial me encanta el helado (en realidad, mi amor por el helado es bastante profundo, pero la idea se mantiene). Nunca se me ha ordenado que lo ame. Nunca he necesitado esa orden. Simplemente me encanta.

Por otro lado, no me gusta el maíz dulce. Lo tolero (ahora que soy adulto), pero si me ordenaras que lo amara, pensaría que eres muy extraño. Simplemente no resulta encantador para mí.

A esto es a lo que le vamos a llamar «amor reactivo». Reacciono con amor hacia el helado, pero solo tolero el maíz dulce.

Si eso fuera lo que Jesús pensaba, no habría necesidad de este mandamiento, pero no te sorprenderá descubrir que él está hablando de algo muy diferente. No de un amor que reacciona a lo que es encantador, sino de un amor que se mueve hacia lo que no es encantador. Este es un amor *activo*, no reactivo.

Ese tipo de amor está mucho más allá de nuestra capacidad natural. El amor activo es un amor como el de Cristo, que ama a las personas que no son agradables, como lo hizo Jesús... ¡y eso es imposible!

PIES HÚMEDOS

Debemos tener cuidado de no pensar simplemente en el amor de forma abstracta. Después de todo, a la mayoría de las personas le gusta la idea del amor en un sentido general y piensa que más de este haría del mundo un lugar mejor.

Sin embargo, Jesús no está interesado en una visión abstracta del amor. Él tiene algo mucho más concreto en mente, así que es por esto que tenemos que empezar.

Ten en cuenta que los primeros hombres que escucharon este mandamiento aún tenían los pies húmedos. Jesús acababa de mostrarles de la manera más concreta posible cómo es realmente el amor. Cuando él lavó los pies de sus discípulos, demostró el amor con mucho más que palabras. Tomó la iniciativa, se acercó a ellos, asumió el riesgo y se agachó para hacer el bien. Este es el amor activo. Jesús no está reaccionando a algo que ve en ellos; está actuando por amor a sus discípulos.

LA LÓGICA DEL AMOR

La lógica de este mandamiento es ineludible. Fíjate en la palabra «deben» cuando lo leas de nuevo...

> *Este mandamiento nuevo les doy: que se amen los unos a los otros. Así como yo los he amado, también ustedes deben amarse los unos a los otros.* (Juan 13:34)

¿Ves la lógica? Jesús nos ama y por eso debemos amarnos los unos a los otros de la misma manera.

El mandato de amarse unos a otros se establece en el contexto del amor que Jesús nos tiene. No se puede separar las dos cosas. De hecho, el amor de Jesús nos da tanto la *razón* para amarnos como el *ejemplo* de lo que significa amar a los demás. Si no sentimos el poder de esta lógica, no nos amaremos de la manera que Jesús quiere.

Solo esto nos permitirá ir más allá del amor reactivo y comenzar a perseguir vidas de amor activo, es decir, del amor que actúa.

Démosle un vistazo más de cerca a la historia para ver exactamente lo que pasó. Esta comienza con la cena y un fascinante comentario sobre Jesús en el versículo 3. Miren lo que él sabe. Aquí es donde comienza su amor:

> *Sabía Jesús que el Padre había puesto todas las cosas bajo su dominio, y que había salido de Dios y a él volvía.* (Juan 13:3)

AMADO LIBREMENTE

Esta es la clave. El amor de Jesús fluye desde un lugar de absoluta confianza en su identidad. Él sabe quién es. Sabe que se le ha dado todo el poder y que su Padre lo ama. No tiene nada que demostrar. Jesús no espera desesperadamente gustarle a la gente. No les lava los pies para mejorar su propia reputación ni para fortalecer su propia posición ni para ganar su aprobación. No los ama por lo que hay para él. Él elige libremente amarlos porque es libre de elegir.

Jesús no tuvo que lavarles los pies. No necesitaba lavarles los pies. Tenía todo el poder y estaba completamente seguro. Eso significa que su acción está impulsada puramente por el amor. Desde ese lugar de poder, Jesús escoge libremente amar. Esto es amor activo.

Demasiado a menudo actúo de forma amorosa con las personas porque quiero ser aceptado. Deseo ser afirmado y aprobado. Mi amor puede provenir a menudo de un lugar de inseguridad y miedo. Amo de una manera que aumente mi autoestima y mi sentido de valor.

Cuando nos encontramos en ese lugar, podemos convertirnos rápidamente en esclavos. Nos volvemos paranoicos con respecto a lo que la gente piensa de nosotros. Necesitamos que las personas nos feliciten y nos digan lo grandes que somos. Favorecemos a aquellos que consideramos más importantes, porque su aprobación significa más para nosotros que la de los demás.

Jesús no es así. En contraste con la forma en que nos comportamos a menudo, sus acciones aquí son impresionantemente hermosas. Cuando Jesús ama, está completamente libre de cualquier inseguridad o necesidad de aprobación. Eso significa que no favorece a los ricos o a los poderosos, a los influyentes o a los populares. Él es libre de amar a cualquiera, incluso a sus discípulos poco impresionantes con los pies sucios.

Así como yo los he amado, también ustedes deben amarse los unos a los otros. (Juan 13:34)

Aquí es donde comienza el asunto para nosotros. Primero tenemos que tener claro quiénes somos en Cristo. Necesitamos entender que Dios ha hecho cosas extraordinarias por nosotros. Somos sus hijos preciosos y amados. Él nos ha dado todas las cosas. No tenemos nada que probar. Al respirar esa realidad, estamos respirando el oxígeno que significa que somos libres para empezar a amar realmente a la gente.

Mientras más conozcamos quiénes somos, más libres seremos para amar. El amor activo comienza aquí.

AMA HACIA ABAJO

Desde ese lugar de completa seguridad, mira lo que hace Jesús. Fíjate en la frase clave que une el versículo 3 con el versículo 4. Jesús sabía que tenía todo el poder...

> ...*así que se levantó de la mesa, se quitó el manto y se ató una toalla a la cintura. Luego echó agua en un recipiente y comenzó a lavarles los pies a sus discípulos y a secárselos con la toalla que llevaba a la cintura.* (Juan 13:4-5)

Esto es lo que Jesús hace con todo el poder. No lo usa para su propio beneficio. No se abre camino hacia la cima. Se rebaja voluntariamente. *Se agacha.*

Esa es la dirección en la que se mueve el amor activo: se mueve hacia abajo. Jesús no está extendiéndose y alcanzando cada vez más poder, se está agachando. Jesús no se mueve hacia lo que es atractivo, se mueve hacia abajo para servir a los necesitados.

Esto va radicalmente en contra de todo lo que nos han enseñado. Todo niño sabe de juegos donde arriba es bueno y abajo es malo. Todos quieren ser el «Rey del Castillo».

La araña Incy Wincy quería *subir* por el caño de agua. En el juego serpientes y escaleras, queremos subir por las escaleras. Todo se trata de subir, y el amor reactivo encaja perfectamente en esa visión del mundo. Amaré las cosas que me ayuden a subir. Amaré a las personas que hacen mi vida mejor, más fácil y más feliz. El «amor reactivo» ama el ascenso.

Sin embargo, Jesús no es así. El «amor como el de Cristo» ama hacia abajo.

Jesús no nos ama porque somos muy atractivos. La imagen de los pies sucios es bastante precisa. Jesús ama a los que no son atractivos. Nuestro pecado es como la ropa sucia que llevamos puesta. Su amor no empieza con algo atractivo en nosotros, sino con algo poderoso dentro de él. Este amor poderoso lleva a Jesús a tomar el lugar más bajo. Incluso el lugar de un esclavo. Jesús ama hacia abajo y nos llama a hacer lo mismo.

Amar de esta manera costará. No sucederá de forma natural; se necesitará una acción deliberada y costosa. Será difícil amar a la gente que no nos parece encantadora.

Detente y piensa por un momento: ¿a quién podrías invitar a tu casa a cenar? Es fácil amar a las personas que pueden retribuir tu amabilidad. No obstante, ¿a quién podrías amar hoy que nunca podrá retribuirte? ¿A quién podrías elegir para servir?

AMOR ARRIESGADO

Lavarles los pies a sus discípulos es más que una simple cosa agradable que Jesús hace por ellos. Él está asumiendo un gran riesgo.

En ese momento del lavado de los pies, Jesús elige ir hacia sus discípulos. Él no esperó que ellos hicieran el primer movimiento. (Afrontémoslo, todavía estaría esperando, ahora mismo). En cambio, tomó la iniciativa. Cruzó la habitación y, mientras lo hacía, rompió una barrera que necesitaba ser rota.

Jesús pasó de un lugar de comodidad a otro de vulnerabilidad. Eso es lo que hace el amor. Definitivamente no es el camino fácil y no es cómodo para nosotros.

Imagina que eres uno de los discípulos. Resulta tentador llenar de sentimentalismo la historia e imaginar un momento cálido y agradable mientras Jesús te lava los pies, pero no estoy tan seguro de que haya sido así. Imagino que fue extremadamente incómodo. Seguro que los discípulos se sentían incómodos y avergonzados por sus pies sucios. Después de todo, ¿cómo reaccionarías si alguien se acercara a ti para lavar *tus* pies?

Pedro ciertamente no podía hacerle frente a todo eso. Él se sienta y observa cómo se desarrollan los acontecimientos, y cuando Jesús se le acerca se niega.

> *Cuando llegó a Simón Pedro, este le dijo:*
> *—¿Y tú, Señor, me vas a lavar los pies a mí?*
> *—Ahora no entiendes lo que estoy haciendo —le respondió Jesús—, pero lo entenderás más tarde.*
> *—¡No! —protestó Pedro—. ¡Jamás me lavarás los pies!*
> *—Si no te los lavo, no tendrás parte conmigo.* (Juan 13:6-8)

Tiene que ser así. El amor cruza la habitación, se agacha y sirve. Pedro necesitaba dejar que Jesús lo sirviera. Necesitaba ser lavado por Jesús. Este es el verdadero amor y crea relaciones que son más profundas que cualquier cosa que el amor humano normal pueda construir.

Así es como Jesús ama. Se arriesga. Se mueve hacia adelante.

MANTENTE AFUERA

Hay demasiados muros dentro de nuestras iglesias. Cada muro que construimos es un síntoma de lo que está mal con la humanidad. Desde los famosos muros del mundo, hasta la valla que coloco alrededor de mi jardín, todos ofrecen el mismo mensaje: *mantente afuera*. Me agradan mis vecinos, me alegra ser amable con ellos, pero no los quiero en mi espacio. Todo está bien mientras nos mantengamos a distancia, pero preferiría que no estuvieras en mi jardín.

Podemos hacer esto en la iglesia todo el tiempo. Hay muros entre los jóvenes y los viejos, entre los ricos y los pobres, entre los de adentro y los de afuera. Y podemos ser demasiado tolerantes con estos muros.

El amor se levanta, cruza la habitación y se arriesga. A menudo se siente incómodo —eso es una señal de que probablemente estás haciendo algo bien— y así se comienza a construir algo extraordinario. Imagina esta historia ficticia...

Jake tenía quince años. Se sentía feliz en el grupo de jóvenes, pero le costaba mucho ir a la iglesia. Un día hizo un movimiento audaz y radical; se presentó en la reunión de oración del lunes por la noche. Era un territorio desconocido para los adolescentes, pero Jake decidió intentarlo. Fue exactamente lo que esperaba: principalmente gente mayor y que no compartía sus intereses, pero Jake siguió adelante. Trató de unirse y a veces oraba en voz alta. Parecía un lunes por la noche desperdiciado, pero no sabía el impacto que estaba ejerciendo en Ron, de ochenta y un años.

Cada vez que Jake oraba, los ojos de Ron se llenaban de lágrimas. Una amistad comenzó a crecer. Era una amistad construida al otro lado de la barricada. Era una amistad que destrozaba las paredes. Fue un movimiento arriesgado, pero Jake empezó a sentir su corazón conmovido por el amor genuino hacia Ron. Así que empezó a hacer una compra semanal para Ron y, cuando este se enfermó, Jake le leía porciones de la Biblia. En el funeral de Ron, Jake realmente lloró. No se arrepintió ni un solo momento de lo que había vivido junto a él.

AMADO COMPLETAMENTE

Volvamos a la historia del lavado de pies para percatarnos de una última cosa.

> *Luego [Jesús] echó agua en un recipiente y comenzó a lavarles los pies a sus discípulos y a secárselos con la toalla que llevaba a la cintura.* (Juan 13:5)

Hay una muestra de completitud en la acción de Jesús. Él no solo vierte el agua. No deja a sus discípulos mojados. Él completa su acto de amor mientras les seca los pies con la toalla.

Este es un amor máximo: no buscando hacer lo mínimo que podría considerarse «amoroso», sino la manera más amplia y completa posible de expresar amor.

Por supuesto, en unos pocos capítulos más del Evangelio de Juan, Jesús irá a la cruz. El lavado de los pies de los discípulos repentinamente adquiere un nuevo significado, ya que Jesús muere para lavarnos de toda nuestra suciedad. Él lo hace todo. No empieza y nos deja para que lo terminemos. Su último clamor mientras muere en la cruz es:

> *Todo se ha cumplido.* (Juan 19:30)

Eso es amor. Completo. Pleno. Vasto. Magnífico.

Así es como Jesús nos ama. ¿Te imaginas si *nosotros* amáramos así?

Podemos practicar esto en las pequeñas cosas de la vida diaria. Lesley era nuestra administradora de la iglesia. Era muy buena en eso. Yo podía entrar en la oficina y preguntar si había estampillas para el correo. Su respuesta no era: «Sí, en el tercer cajón de abajo». Al contrario, agarraba la carta, la sellaba y la llevaba al buzón. Había un sentido de completitud en su deseo de servir a los demás.

Me encanta la idea de pensar cuál es el amor máximo que puedo mostrarle a una persona. Sí, sé que puede llegar a ser abrumador, pero también puede resultar emocionante.

LOS CUATRO PASOS

¡NO PUEDO!

Aquí hay una lista completa de preguntas sobre las personas de tu iglesia. Por favor, aparta un tiempo para pensar en ellas. Al igual que con Jake de quince años y Ron de ochenta y uno, esto podría provocar un cambio en tu vida.

¿Quiénes son las personas de la iglesia que no encuentras atractivas y que se sienten más como una carga que como una bendición? ¿Quiénes son las personas que tratas de evitar? ¿Quiénes son las personas que te hacen la vida más difícil? ¿O quizás aquellos con los que no te comprometes porque son muy diferentes a ti?

¿Por qué te cuesta relacionarte con ellos? ¿Es acaso por el temor a personas que son diferentes? ¿Es por pereza? Siempre es más fácil hablar con la gente que nos agrada.

¿Luchas con la inseguridad y te encuentras anhelando la aprobación de otros?

¿Hay resentimientos que guardas hacia los demás? ¿Hay heridas pasadas que luchas por superar?

Sé sincero con Dios. Intenta ser lo más específico posible sobre lo difícil que te resulta este mandamiento.

¡LO SIENTO!

Ahora tómate el tiempo para confesar las actitudes que has descubierto. Es muy posible que hayas encontrado resentimientos o prejuicios muy profundos que acechan en tu corazón. Confiésaselos a Dios.

Es posible que hayas descubierto inseguridades en medio de las cuales te cuesta creer que estás seguro en el amor de Dios. Confiésale eso al Señor. ¿Te resulta difícil creer que Jesús te ama? Tal vez, como Pedro, esto te hace sentir incómodo.

Resulta esencial que interioricemos profundamente la verdad de que Jesús nos ama. Él te ama *libremente*. No tiene que amarte, pero eligió hacerlo. Él te ama moviéndose *hacia abajo*. Se rebajó a ser puesto en una cruz para limpiarte de toda tu suciedad. Se ha *arriesgado* al llegar a amarte donde estás. Y te ama *completamente*, haciendo todo lo necesario para limpiarte por entero. Ese es su amor activo por ti.

A medida que confieses tu pecado, debes saber que Jesús te limpia. Antes de que podamos ser libres para amar activamente a las personas, debemos entender nuestra identidad en Jesús. Estás seguro y eres amado debido a Jesús. No tienes nada que probar. Dios es tu Padre celestial que te aprueba. El amor comienza aquí.

¡AYÚDAME, POR FAVOR!

Ahora considera los aspectos que has identificado y comienza a orar. Cuando Dios te manda a amar a los demás, es porque te va a dar el poder para hacerlo. No tienes que buscar en tu interior; tienes que buscar al que dio la orden en primer lugar.

Pídele a Dios específicamente que te ayude a amar a las personas que te cuesta amar. Parte del trabajo del Espíritu Santo es producir *amor* (Gálatas 5:22). Así que pídele ayuda. No hablo de orar en general para ser más amoroso. Hablo de orar por personas específicas a las que quieres aprender a amar.

Piensa en el amor que Jesús te ha mostrado. ¿A quién puedes amar libremente? ¿Cómo puedes amar moviéndote hacia abajo? ¿Arriesgadamente? ¿Completamente? Ora por gozo en medio de la obediencia. Pídele a Dios que haga cosas extraordinarias.

¡ADELANTE!

Ahora haz un plan de lo que vas a hacer. Recuerda que el amor es activo: *hace* cosas. Así que no te sientes a esperar que te golpee una ola de cálidos sentimientos amorosos. Podrías estar esperando mucho tiempo. Más bien, comienza a amar activamente a las personas. Hay miles de cosas que podrías intentar. Sé creativo y generoso con tu amor por los demás.

Comprueba esos contrastes y mira a ver si hacen surgir alguna idea específica en tu mente.

El amor reactivo elige pasar tiempo con las personas que tienen algo que ofrecer. Ellas me hacen sentir bien o me hacen reír o disfrutamos pasando tiempo juntos. Sin embargo, el amor activo no está impulsado por los sentimientos, sino que busca a los necesitados; tal vez a los que no tienen mucho que ofrecer. El amor activo no actúa de forma condescendiente y engreída (para hacerme sentir mejor), sino por un deseo genuino motivado por las necesidades de los demás.

¿A quién amas en tu familia de la iglesia? ¿A quién podrías decidir empezar a amar? ¿Cómo vas a mostrarles activamente ese amor?

El amor reactivo se enfriará rápidamente si alguien no satisface mis necesidades. Se molestará y pasará a buscar en otra parte. No obstante, el amor activo perseverará con las personas y avanzará a través de las luchas. Cuando alguien te haga daño, el amor activo te llevará de vuelta a ellos, no lejos de ellos.

¿Hay alguien con quien tengas una relación fría? ¿Cómo podrías acercarte a *esa persona con amor? ¿Un mensaje de texto? ¿Un café? ¿Una disculpa?*

El amor reactivo tenderá a ser un poco descuidado en las relaciones. Hará promesas al calor del momento, pero cuando ese momento haya pasado las promesas podrían ser abandonadas. El amor activo es constante y fiel. Hace lo que dice que hará, así como Jesús amó completamente a sus discípulos.

¿Cómo podrías comprometerte a amar a alguien? No en *el sentido de un acto* único, sino de *una manera continua y persistente. ¿Orando por alguien? ¿Reuniéndote con alguien?*

Entonces, ¿qué podrías hacer? Espero que cuando empieces a pensar en ello, puedas ver oportunidades emocionantes de amar como Jesús amó.

Se sentirá arriesgado, podrías ser rechazado, incluso podrías preguntarte por qué te molestas en hacerlo. Sin embargo, ten en cuenta que la razón es que quieres obedecer a Jesús y amar como él te amó.

Este mandamiento nuevo les doy: que se amen los unos a los otros. Así como yo los he amado, también ustedes deben amarse los unos a los otros. (Juan 13:34)

9

DA ALEGREMENTE

Sería un error sugerir que solo la gente que sigue a Jesús es generosa. Eso sería ridículo. No obstante, seguir a Jesús nos desafía a mostrar un tipo diferente de generosidad, una generosidad gozosa, sacrificada y gloriosa, y eso está más allá de nuestra capacidad.

> *Cada uno debe dar según lo que haya decidido en su corazón, no de mala gana ni por obligación, porque Dios ama al que da con alegría.* (2 Corintios 9:7)

Cuando era pequeño, me encantaba comprar regalos para mi madre y mi padre. Me estremezco al pensar en la basura que les compré a lo largo de los años: una horrible vela tallada a mano que nunca se encendió, una tetera de cobre en miniatura que acumuló polvo durante años y años, interminables paquetes de popurrí. La lista sigue (y sigue). Me encantaba encontrar cosas y envolverlas... y luego ver sus caras mientras abrían el regalo.

Sin embargo, hay algo que hace que todo resulte tan extraño. No contaba con dinero propio. Para comprarles regalos, tenía que pedirles primero que me dieran el dinero. Así que usaba *su* dinero para comprarles algo que realmente no necesitaban (y en la mayoría de los casos no querían). Y aquí está la parte genial... ellos estaban encantados con eso.

Me permitieron disfrutar del placer de dar, a pesar de que todo provenía de ellos mismos.

Esa es la dinámica que opera cuando le damos a Dios. Hay un gran ejemplo de esto en el Antiguo Testamento. El rey David le pide al pueblo que ofrende generosamente para el trabajo de construcción del templo (que será realizado por el hijo de David, Salomón). David comienza a poner en práctica la generosidad ofreciendo un enorme regalo de su propio tesoro personal. Luego llama al pueblo a seguir su ejemplo y dar generosamente. Hay una respuesta maravillosa cuando los líderes, y luego el pueblo, dan voluntariamente para la obra. Podríamos sentirnos tentados a maravillarnos por este extravagante acto de generosidad, pero eso nos haría perdernos lo que realmente está sucediendo.

El rey David entonces ora y su petición expresa la dinámica que realmente está en marcha:

Pero ¿quién soy yo, y quién es mi pueblo, para que podamos darte estas ofrendas voluntarias? En verdad, tú eres el dueño de todo, y lo que te hemos dado, de ti lo hemos recibido.
(1 Crónicas 29:14)

Dios no necesita nuestro dinero. No necesita nada de nosotros. No está sentado en el cielo esperando que sus planes no fracasen por falta de recursos. Así no es como funciona la generosidad en la Biblia. Más bien, Dios se deleita en involucrarnos en sus propósitos. Nos da para que nosotros podamos darle a él. Nuestras ofrendas no deberían ser una causa de orgullo petulante. Cuando actuamos así, mostramos que pensamos que le hemos hecho un favor a Dios. Por el contrario, nuestras ofrendas deberían llevarnos al tipo de humildad que se pregunta *quiénes somos*, tal y como lo hizo el rey David en su oración.

PRIVILEGIO

Cuando veamos las cosas de esa manera, empezaremos a entender cómo el apóstol Pablo puede hablar de un grupo de cristianos que...

> *Dieron espontáneamente [...] rogándonos con insistencia que les concediéramos el privilegio de tomar parte en esta ayuda para los santos.* (2 Corintios 8:3-4)

Se trataba de personas que experimentaban graves pruebas y vivían en la extrema pobreza (2 Corintios 8:2), pero no asumían que eso los excusaba de involucrarse en la ofrenda. Ellos desbordaban de alegría en Jesús, y eso los llevó a mostrar una gran generosidad, no solo con su dinero, sino con toda su vida. Eso era algo que Dios había hecho en ellos. Y es algo que también puede hacer en nosotros.

Volvemos de nuevo a nuestro tema principal sobre la obediencia gozosa. El pueblo en los días de David daba voluntariamente. La iglesia en los días de Pablo suplicaba por el privilegio de dar.

Esa es la clase de obediencia que solo Dios puede producir en nosotros. Es entonces cuando la obediencia se convierte en alegría.

Sin embargo, seamos francos, a menudo no nos sentimos de esa manera.

Piensa en cuando te piden que apoyes el trabajo de la iglesia o cuando recibes un correo electrónico con noticias de una necesidad desesperada en otra parte del mundo. ¿Cómo reaccionan nuestros corazones? ¿Nuestros corazones laten con emoción por el privilegio de poder dar? Probablemente no. Es más probable que tengamos un sentimiento de culpa. Sabemos que *debemos* dar, pero hemos perdido de vista la magnífica verdad de que *podemos* hacerlo.

Uno de los peligros cuando tratamos de obedecer los mandamientos de Dios es que nos conformamos con la obediencia impulsada por la culpa, y la culpa es una motivación muy poderosa para hacer las cosas. Hay muchas cosas en la vida que hacemos porque nos sentimos culpables con respecto a ellas. La culpa puede hacer que la gente dé cantidades significativas de dinero si tiras de los hilos del corazón correctamente y elevas la temperatura emocional.

Sin embargo, esa no es una motivación provocada por el evangelio y no es para lo que Dios nos salvó. Si le pertenecemos a Jesús, entonces sería trágico para nosotros conformarnos con dar motivados nada más que por un sentimiento de culpa. Dios tiene algo mucho mejor para nosotros en esta área de la generosidad. Algo gozoso, algo excitante y, sí, algo imposible...

EL REFLEJO DE AGARRAR

Los bebés nacen con un reflejo de agarrar. Extiende tu dedo meñique y el pequeño bebé se agarrará a él. En un recién nacido es muy lindo, pero, a medida que el niño crece, el instinto de agarrar se vuelve un poco más problemático. Una vez que empiezan a captar algún lenguaje, la palabra «MÍO» acompaña rápidamente a las acciones. Podemos percibirlo en los niños, pero la realidad es que esos instintos aún acechan en lo profundo de nuestros corazones. Aprendemos formas más sutiles de hacerlo, pero el deseo básico permanece. Todavía queremos agarrar las cosas por nosotros mismos.

Eso es codicia. Es el insaciable apetito por más. Ya sea dinero, reconocimiento, poder, placer o posesiones, queremos más. ¿Por qué nos comportamos así?

Muchos de nosotros creemos instintivamente que hay un «lugar feliz» en alguna parte, y se nos dice constantemente que la llave que abre la puerta de la Tierra Feliz es una que se llama «más». Esto es raro, porque a menudo ni siquiera sabemos con certeza de qué estamos buscando más. Solo creemos que más es la clave de nuestra felicidad, así que seguimos buscando y agarrando.

Obviamente, si «más» es la clave de la felicidad, entonces me resultará muy difícil ser generoso. No hace falta ser un genio para darse cuenta de que cuando doy algo, termino con menos, no con más.

La generosidad trabaja en contra del instinto natural que todos tenemos de agarrar más. Jesús advirtió muy claramente sobre esta tendencia en nosotros.

> ¡Tengan cuidado! —advirtió a la gente—. Absténganse de toda avaricia; la vida de una persona no depende de la abundancia de sus bienes. (Lucas 12:15)

Jesús dice que estamos equivocados. Para experimentar la vida como debe ser vivida, necesitamos una perspectiva completamente nueva. *Más* no es la clave. La *generosidad* lo es.

Jesús continúa su advertencia con una historia para enfatizar su idea...

MÁS QUE SUFICIENTE

> —El terreno de un hombre rico le produjo una buena cosecha. Así que se puso a pensar: «¿Qué voy a hacer? No tengo dónde almacenar mi cosecha». (Lucas 12:16-17)

Este hombre enfrenta un problema. Cosechó demasiado grano, pero no tiene dónde almacenarlo todo. ¿No te molesta que suceda eso? ¿Ahora qué se supone que debo hacer?

Por supuesto, todo depende de lo que veas cuando mires el gran montón de grano que tienes delante. Si ese grano representa la vida para ti, entonces la respuesta es obvia. Si ese grano te habla de una jubilación anticipada y una vida de confort y placer, entonces solo hay una cosa que hacer.

Por fin dijo: «Ya sé lo que voy a hacer: derribaré mis graneros y construiré otros más grandes, donde pueda almacenar todo mi grano y mis bienes. Y diré: Alma mía, ya tienes bastantes cosas buenas guardadas para muchos años. Descansa, come, bebe y goza de la vida». (Lucas 12:18-19)

Eso es tan obvio. Parece tan sabio. Este hombre está haciendo lo que muchos en nuestro mundo están persiguiendo desesperadamente. Él tiene más que suficiente. Ese es el sueño, ¿verdad? Esa es la Tierra Feliz, justo ahí. Sin embargo, el hombre es un tonto. Ha atado su vida a su grano... y aquí está el veredicto de Dios:

«¡Necio! Esta misma noche te van a reclamar la vida. ¿Y quién se quedará con lo que has acumulado?». (Lucas 12:20)

El hombre ha ignorado a Dios. De hecho, mientras el hombre hace sus planes, Dios ni siquiera les da un vistazo, y eso no es sabio. En realidad, es la esencia de la locura. Crees que la felicidad se encuentra en más, pero la verdad es que lo único que está ahí es la muerte.

[Jesús dice:] «Así le sucede al que acumula riquezas para sí mismo, en vez de ser rico delante de Dios» (Lucas 12:21)

Ser «rico delante de Dios» es lo que importa, no ser rico en riquezas materiales. La felicidad no se encuentra en más posesiones, sino en más de Dios.

El verdadero problema con la codicia es que, mientras agarramos más en este mundo, es imposible para nosotros agarrar también más de Dios. Se trata de una cosa o la otra.

Necesitamos un poder mayor que el nuestro para ayudarnos a ver que la felicidad no se encuentra en las cosas, sino en Dios. Necesitamos a alguien que sea lo suficiente fuerte para salvarnos de nuestro amor por las posesiones y reemplazarlo por un profundo amor a Dios.

Su nombre es Jesús. Él nunca persiguió más; ni posesiones ni comodidad ni fama ni poder. Jesús nunca agarró nada, sino que lo dejó todo. Y lo hizo porque su relación con su Padre era más que suficiente para él.

Solo Jesús puede salvarnos; solo él puede cambiar nuestros corazones; solo él puede ayudarnos a ver que Dios es más que suficiente para satisfacernos.

Cuando Jesús comienza a cambiar nuestros corazones, algo notable sucede. Imagina lo diferente que podría haber sido esa historia. Intentemos volver a contarla. Imaginemos que el corazón de este hombre ha cambiado...

UNA MEJOR MANERA

—El terreno de un hombre rico le produjo una buena cosecha. Así que se puso a pensar: «¿Qué voy a hacer? No tengo dónde almacenar mi cosecha». (Lucas 12:16-17)

Así que oró. «Padre, gracias por esta extraordinaria cosecha que me has confiado. Por favor, ayúdame a usarla sabiamente». Luego invitó a los pobres y hambrientos, a los lisiados y a los cojos, para que vinieran a comer. Festejaron juntos y experimentaron el amor de Dios de una manera extraordinaria. ¡Fue maravilloso! Así que al año siguiente el hombre plantó más. Trabajó duro. Le dolía la espalda y le salieron ampollas en las manos, pero valió la pena, porque cada año tenía más para dar.

Entonces una noche el hombre murió. Fue la noche en que Dios vino a llevarlo a casa. «Bien hecho, mi fiel servidor. Ven y disfruta de lo que se ha preparado para ti».

En la historia original, la enorme pila de grano representaba todas las esperanzas y sueños del hombre. Él miró el grano y vio la felicidad y el consuelo. Su vida estaba atada a este, así que obviamente no podía regalarlo. La tragedia era que su abundante riqueza no podía hacer nada para salvarlo de la muerte ni para reconciliarlo con Dios.

Sin embargo, en nuestra versión imaginaria de la historia, el hombre tiene un corazón completamente nuevo. El grano representa ahora una enorme oportunidad para hacer el bien.

Cuando Dios nos ordena ser generosos, no es porque quiera que seamos miserables. Es porque quiere que nos demos cuenta de que tenemos más que suficiente en él.

LOS CUATRO PASOS

¡NO PUEDO!

A veces podemos tratar de fingir ser generosos, pero en realidad usamos esto para encubrir lo que está sucediendo. Es fácil ser generoso con cosas que no nos preocupan. Si tengo una caja de caramelos de regaliz, estoy más que feliz de compartir. Si entraras en la habitación, podrías estar convencido de que soy un sujeto generoso. Sin embargo, la realidad es que no estoy tan preocupado por los caramelos.

La cuestión más grande surge cuando tengo una bolsa de dulces de leche malteada. Ahí es cuando la generosidad se hace real.

Dios no nos pide que seamos generosos con lo que nos sobra. Dios no nos pide actos de generosidad simbólicos que alivien nuestra conciencia y nos hagan sentir mejor. Él nos pide el tipo de generosidad que realmente nos cuesta; una generosidad que nos deja con mucho menos de lo que teníamos antes.

Para algunos de nosotros eso significa ser generosos con nuestro dinero, pero también hay otras formas. ¿Generosos con nuestro tiempo? ¿Generosos con nuestra comodidad? ¿Generosos con nuestros recursos?

¿En qué encuentras más difícil ser generoso? ¿Qué te impide mostrar generosidad? ¿Es el miedo a que tu felicidad se vea amenazada?

Piensa ahora mismo en un acto de generosidad radical y costoso. Algo que está mucho más allá de tu zona de comodidad. ¿Qué es lo que causa que temas hacer eso?

¡LO SIENTO!

A todos nos gusta etiquetar las cosas como «MÍAS». Cuando era niño me dieron un juego de estampillas que decían: *esto pertenece a Jonty*. Las pegué en todo (incluyendo las cosas de mi hermano, lo cual no salió nada bien). Ese es nuestro instinto. Se trata de *mi* casa, *mi* coche, *mi* dinero, *mi* ropa, y así la lista sigue. No obstante, esta actitud está profundamente equivocada.

La realidad es lo que el rey David nos mostró al principio de este capítulo. En última instancia, estas cosas no son mías, sino de Dios. Todas vienen de él. Dios nos da para que podamos ser generosos.

Necesitamos apartar un tiempo para pedirle perdón a Dios por todas las veces que guardamos cosas y las llamamos «MÍAS».

Confiesa las formas en que tu corazón hace imposible la generosidad.

Sin embargo, no te golpees el pecho. En vez de eso, levanta tus ojos hacia Jesús.

Piensa en su vida increíble. Piensa en todas las formas en que dio. Ofreció su tiempo, su energía, su poder. ¿Puedes pensar en un milagro que Jesús hizo para sí mismo más que para los demás? No. No hay ninguno.

Si yo tuviera todo ese poder, seguramente usaría parte de él para mi beneficio, pero no es así con Jesús. Él es un hombre perfectamente generoso. Al final, Jesús dio su vida por nosotros. Cuando percibas el egoísmo de tu propio corazón, hallarás esperanza en la muerte de Jesús por ti. Él murió por todas las veces que hemos *agarrado* y no hemos *dado*. Murió porque encontramos riquezas en las posesiones más que en Dios. Sufrió la muerte que merecemos, para que podamos vivir una nueva vida de amor generoso.

¡AYÚDAME, POR FAVOR!

Recuerda, cuando Dios nos ordena dar generosamente, esa orden viene con todo su poder para lograr ese cambio. Él no está esperando con un gran palo para obligarte a obedecer. Está esperando con su poderoso Espíritu Santo para posibilitar tu obediencia.

Permite que este mandato haga que la esperanza se eleve dentro de ti. Piensa en la belleza de una vida generosa. Imagina el bien que podrías hacer con todos los recursos que Dios te ha dado.

Pídele a Dios que te haga desearlo a él más que a nada para que puedas empezar a dar más y más.

Hasta que no seamos capaces de decir que dar es un privilegio, siempre encontraremos nuestra generosidad entorpecida y difícil. Así que sigue pidiendo que el maravilloso Espíritu Santo de Dios cambie tu corazón.

El Espíritu Santo forma parte de la gran generosidad de Dios con nosotros. Solo escuchen la generosidad que expresan estas palabras de Jesús:

Pues, si ustedes, aun siendo malos, saben dar cosas buenas a sus hijos, ¡cuánto más el Padre celestial dará el Espíritu Santo a quienes se lo pidan! (Lucas 11:13)

Dios está tan dispuesto y listo para darnos la ayuda de su Espíritu Santo, que solo espera que se la pidamos.

¡ADELANTE!

Ahora es el tiempo de actuar. En este momento, espero que nos entusiasme la idea de ser generosos. Piensa en tus donaciones habituales. ¿Haces ofrendas a tu iglesia? ¿Has revisado eso recientemente?

¿Hay personas específicas a las que podrías apoyar? Y a medida que compartes con otros de tus finanzas, es posible que tu interés, amor y oraciones crezcan también.

Tal vez no tengas muchos ingresos disponibles. ¿Cómo puedes ser generoso con tu tiempo? ¿O con tus posesiones? ¿O con tus talentos y dones?

El peligro está en que las necesidades pueden parecer abrumadoras y nuestros recursos pueden parecer muy limitados, pero no dejes que eso te impida empezar. Si no estás seguro de cómo y dónde dar, ¿por qué no coordinas una reunión para hablar con el pastor de tu iglesia sobre ello?

Dios no nos pide que seamos imprudentes e irresponsables. Proveer para nosotros y nuestras familias es importante. Sin embargo, creo que para la mayoría de nosotros ese no es el peligro. Sé por mí mismo que es más probable que acapare para mí en lugar de dar generosamente.

La clave de la vida no está en la búsqueda de más posesiones. Está en empezar a perseguir más de nuestro maravilloso Dios.

Cada uno debe dar según lo que haya decidido en su corazón, no de mala gana ni por obligación, porque Dios ama al que da con alegría. (2 Corintios 9:7)

10

SÉ COMPLETAMENTE HUMILDE

Esperar en una fila puede ser estresante en extremo. Lo cual es raro, porque nos pasamos una buena porción de nuestras vidas haciendo eso. (Leí una vez que pasamos haciendo fila unos seis meses de nuestro tiempo de vida). Sin embargo, aunque esta es una experiencia común, no la encontramos fácil. Hay un miedo constante de que alguien pueda adelantársenos.

Lo mismo ocurre en los congestionamientos de tráfico. Miro los autos que me rodean y me propongo mantenerme delante de ellos. Ocurre en los parques de diversiones temáticos cuando esperas durante horas y luego alguien intenta saltarse la cola (o incluso peor, llega alguien que ha pagado por el derecho a entrar delante de todos... ahhhh). No obstante, ocurre sobre todo en las grandes tiendas. Hay pocas cosas en la vida más frustrantes que elegir mal la fila de la caja registradora.

El deseo de ser el primero lleva a una existencia profundamente estresante, pero hay una solución muy simple. Es tan simple que puedes probarla por ti mismo con un experimento básico. La próxima vez que estés en una gran tienda y esté muy concurrida y sientas que tus niveles de estrés aumentan, intenta algo. Vuélvete hacia la persona que se encuentra detrás de ti y dile: «¿Te gustaría colocarte delante de mí?».

De repente ya no te importará la velocidad de las distintas líneas. Sí, estarás en la tienda por más tiempo. Sí, otros te habrán ganado en la gran carrera de las cajas registradoras. Pero la diferencia es que no te importará. Has elegido ponerte en último lugar.

Aquí está el hermoso secreto de la humildad: la verdadera libertad se encuentra al final de la fila, no en el frente de esta.

En Efesios 4, Dios nos ordena:

[Sean] siempre humildes y amables. (Efesios 4:2)

Cuando Dios emitió ese mandamiento, nos estaba llamando a una vida al final de la línea... y esa es una vida llena de una libertad gozosa y maravillosa. Aunque suena simple, obedecer este mandato es en realidad imposible; pero, a medida que admitamos sinceramente nuestra debilidad, confesemos el mal en nuestros corazones y clamemos a Dios por ayuda, él nos dará el poder para empezar a obedecerlo.

LOS QUE NO RESPETAN A LOS QUE HACEN FILA

Evadir las filas no es nada nuevo; esto siempre ha sido parte de la naturaleza humana. Cuando Jesús vio a sus discípulos hacerlo, lo reprobó. En cierta ocasión Jesús les estaba enseñando a sus discípulos sobre el hecho de que iban a Jerusalén, donde se burlarían de él, sería escupido, azotado y asesinado. Les había dicho claramente que moriría y luego resucitaría.

En el momento en que Jesús terminó de hablar, Santiago y Juan (dos de sus discípulos) se presentaron con una petición. Puedes leerlo en el Evangelio de Marcos:

—Maestro —le dijeron—, queremos que nos concedas lo que te vamos a pedir. (Marcos 10:35)

Me parece una forma bastante mala de empezar, pero Jesús es paciente y amable. Así que les pregunta:

—¿Qué quieren que haga por ustedes? (v. 36)

Esa es la pregunta que hace un sirviente. Volveremos a eso en un momento, ya que nos lleva al corazón de lo que es la verdadera humildad. Sin embargo, por ahora veamos qué es lo que quieren Santiago y Juan.

—Concédenos que en tu glorioso reino uno de nosotros se siente a tu derecha y el otro a tu izquierda. (v. 37)

La petición es muy clara. Ellos han entendido que Jesús es el Monarca del reino de Dios y quieren asegurarse de solicitar temprano las mejores posiciones. Están tratando de colocarse a sí mismos en el frente de la línea.

Todos podemos ver que esta es una petición fea y desagradable y, aun así, cuando los escucho, sé que veo el mismo tipo de actitudes acechando en mi propio corazón. Queremos ser los primeros.

EL PRESUNTUOSO

El problema comienza con una visión equivocada de uno mismo. No respetar la fila tiene en su raíz la suposición básica de que soy diferente a todos los demás y, por lo tanto, tengo derecho a ir al frente. Aunque estoy seguro de que Santiago y Juan nunca lo habrían dicho de esta manera, están diciendo esencialmente que son más importantes, más especiales y más valiosos que los otros discípulos. Ellos tienen derecho a ser tratados de manera diferente. No obstante, están completamente equivocados.

—No saben lo que están pidiendo —les replicó Jesús—. ¿Pueden acaso beber el trago amargo de la copa que yo bebo, o pasar por la prueba del bautismo con el que voy a ser probado. (v. 38)

Jesús tiene una copa para beber que será profundamente dolorosa. Es la copa del sufrimiento que beberá en la cruz cuando se enfrente a la ira de Dios contra el pecado. Él tiene que someterse a un bautismo. Es el bautismo del sufrimiento que experimentará en la cruz mientras se sumerge bajo el aterrador juicio de Dios.

Jesús ha estado explicándoles a Santiago y Juan que debe morir y luego resucitar. Sin embargo, ellos no estaban prestándole atención. Jesús les pregunta si son capaces de beber esa copa y ellos responden con confianza:

—Sí, podemos. (v. 39)

«Sí, creemos que probablemente podemos manejar eso, Jesús, no te preocupes». Ellos no tienen ni idea de lo que están hablando. No se les ocurre pedir aclaraciones sobre lo que Jesús quiere decir antes de proseguir con la conversación. Sin duda se están imaginando una copa en la victoria y un bautismo en la gloria. No obstante, ellos aprenderán, y sufrirán, pero primero deben dejar de intentar saltarse la fila.

IR A LA PARTE DE ATRÁS

Los otros discípulos estaban bastante molestos con Santiago y Juan (creo que porque se sentían preocupados de que sus propias posiciones en la gloria pudieran ser saboteadas). Así que Jesús los reúne a todos y les enseña el gran principio de la humildad.

> —*Como ustedes saben, los que se consideran jefes de las naciones oprimen a los súbditos, y los altos oficiales abusan de su autoridad. Pero entre ustedes no debe ser así. Al contrario, el que quiera hacerse grande entre ustedes deberá ser su servidor, y el que quiera ser el primero deberá ser esclavo de todos. Porque ni aun el Hijo del hombre vino para que le sirvan, sino para servir y para dar su vida en rescate por muchos.* (Marcos 10:42-45).

La grandeza en el reino de Dios se encuentra al final de la fila, no en el frente. Se encuentra en la elección deliberada, dispuesta y alegre de ser sirviente de todos. El mandato de ser humilde es una manera entusiasta e inspiradora de ver la vida.

LA CONTRARREVOLUCIÓN

Esto es bastante contrario a nuestra forma natural de pensar. La grandeza en nuestro mundo se mide por quién está primero. Nadie recuerda quién fue el segundo.

Hay muchas competiciones para averiguar quién es el más rápido, fuerte, inteligente, rico y así sucesivamente, pero a nadie le interesa la competición del «Hombre más débil del mundo». Somos una cultura que celebra a los ganadores e ignora a los perdedores. Las personas hacen lo que sea necesario para ponerse al frente de la fila. La necesidad de ser el primero es uno de los factores que lleva a una epidemia de estrés en nuestra cultura.

La tragedia es que esta misma actitud se desliza sutilmente hasta las iglesias. Hay competiciones para encontrar los mejores predicadores (en serio), líderes de adoración, iglesias y muchas otras cosas. Las iglesias pueden empezar a buscar el éxito para parecer impresionantes y celar a otras cuando tememos que se nos adelanten.

Y, si somos francos, hallaremos este mal también arrastrándose dentro de nuestros propios corazones. Encontramos pequeñas maneras de proyectarnos hacia adelante. Nos resulta difícil estar contentos con el éxito de los demás porque nos hace sentir inferiores y menos valiosos. Vivir así es muy estresante. Por ejemplo, resulta difícil emocionarse con la llegada de un nuevo trombonista a la banda de la iglesia si yo soy el actual trombonista y este resulta ser mejor que yo. No le serviré, competiré con él y encontraré placer en su fracaso. Es horrible ver eso, pero es lo opuesto a la humildad.

El mandato de ser humilde constituye un desafío a mi sentido de derecho; este implica la voluntad de dejar que otros vayan adelante; significa renunciar a mis derechos por el bien de alguien más... y es una elección.

La vida en el reino de Dios funciona de manera completamente diferente. ¡La acción realmente está al final de la fila!

LA VIDA AL FINAL

Justo después del encuentro con Santiago y Juan viene otra historia. Esto no es un accidente. La misma está brillantemente elaborada y puesta allí para ayudarnos a entender el reino de Dios. De inmediato nos presentan a otro hombre. Su nombre es Bartimeo y es ciego. Lo encontramos sentado a un lado del camino pidiendo limosna. Él se encuentra absolutamente al final de la fila. No tiene nada que ofrecer y no tiene esperanza de llegar al frente, pero, cuando oye a Jesús venir, empieza a gritar.

—*¡Jesús, Hijo de David, ten compasión de mí!* (Marcos 10:47)

La multitud quiere callarlo. ¿Por qué se interesaría Jesús en un pobre mendigo ciego? *Hay mucha gente delante de ti en la cola, Bartimeo. No tienes derecho a nada. ¡Cállate!*

Sin embargo, Bartimeo sigue gritando, y entonces ocurre algo extraordinario.

Las siguientes palabras son impresionantes. En Marcos 10:49 se nos dice que *Jesús se detuvo.*

Jesús está en camino para completar la misión que le dio su Padre. Está yendo hacia Jerusalén, donde sabe que debe morir y resucitar. Este es el viaje más importante que cualquier ser humano haya hecho jamás.

¿Qué podría ser tan importante como para que Jesús se detuviera en su camino a la cruz?

Respuesta: el ciego Bartimeo.

Aquí se muestra la humildad de Jesús resumida en tres palabras: *Jesús se detuvo.* Él no está pensando en sí mismo. No pone excusas. *En realidad, estoy muy ocupado en mi camino para salvar al mundo.* Él se detiene para servir a un mendigo ciego.

VEN AL FRENTE

Hemos visto que Jesús le dice a la gente que está al frente de la fila que vayan al fondo y aprendan a servir, pero miren lo que les dice a los que están al final de la fila. Bartimeo consigue un rápido pase al frente. Imagínenlo caminando entre la multitud. Se habrían quedado boquiabiertos al saber que este hombre iba delante de ellos.

Y entonces Jesús le hace una pregunta a Bartimeo. Me pregunto si esto te suena familiar...

¿Qué quieres que haga por ti? (v. 51)

Es la misma pregunta que Jesús le hizo a Santiago y Juan: la pregunta del siervo. Jesús se pone a sí mismo, y todos los recursos del cielo, a disposición de este mendigo ciego. Así es como se ve la humildad.

Jesús no presume de saber lo que el hombre necesita. No produce una sanidad rápida mientras pasa de largo. No, él honra a este ciego haciéndole la pregunta.

—Rabí, quiero ver —respondió el ciego.
—Puedes irte —le dijo Jesús—; tu fe te ha sanado.
Al momento recobró la vista y empezó a seguir a Jesús por el camino. (Marcos 10:51-52)

En el mismo momento en que Jesús habla, Bartimeo es sanado. Sus ojos están bien, él puede ver a Jesús y, de inmediato, comienza a seguirlo.

Jesús vino a servir a los mendigos. Jesús va hasta los que están al final de la fila y les dice: *vengan al frente para que yo pueda servirles.*

¿ESTÁS SIENDO SERVIDO?

¿Es esta tu experiencia personal con Jesús? ¿Te das cuenta de que Jesús vino a servirte? Aunque solo somos mendigos que merecemos estar al final de la fila, Jesús nos llama para servirnos. Aquí está dicho con sus propias palabras (donde se llama a sí mismo con el título de «Hijo del hombre»):

> *Porque ni aun el Hijo del hombre vino para que le sirvan, sino para servir y para dar su vida en rescate por muchos.* (Marcos 10:45)

Él dio su vida en rescate por los demás. Su muerte compra la libertad de los mendigos ciegos. Jesús va al final de la fila para servir.

¿Por qué no detenerse un momento a fin de asimilar esto? Si eres cristiano, entonces Jesús el Siervo fue al final de la fila por ti. Murió por ti. Compró la libertad por ti. Agradezcámosle desde el fondo del corazón que haya muerto por nosotros. Y, si no estás seguro de si alguna vez has puesto tu confianza en Jesús el Siervo, ¿por qué no hablas con tu pastor u otro cristiano sobre eso? Este sería un gran momento para empezar a seguir a Jesús.

Jesús tiene todo el derecho de exigir que le sirvamos. Sin embargo, en lugar de eso, primero nos sirve a nosotros. Nos hace la pregunta del sirviente: «¿Qué quieren que haga por ustedes?».

Y luego nos llama para que hagamos lo mismo.

COMPLETAMENTE HUMILDE

La obediencia realmente importa. Realmente importa que aprendamos lo que significa obedecer el mandamiento «*[Sean] siempre humildes y amables*» (Efesios 4:2). Este mandamiento es el secreto de una vida pletórica de libertad y alegría.

No obstante, requerirá un cambio real en la forma en que nos vemos a nosotros mismos. En lugar de vernos como Santiago y Juan, necesitamos vernos más como Bartimeo. Ahí es donde comienza la humildad a medida que aceptamos lo que la Biblia dice sobre quiénes somos realmente. Esto significará renunciar a la sensación de que tenemos privilegios. Significará dejar a un lado nuestros derechos.

Eso nos liberará para impulsar gozosamente y de buena gana a los demás al frente y luego deleitarnos al verlos ir delante de nosotros.

Incluso mientras lees esto, ya puedes ver que va a ser una gran lucha, pero vale la pena la batalla.

LOS CUATRO PASOS

¡NO PUEDO!

Empieza por admitir lo difícil que es esto. El final de la fila no es un lugar fácil de elegir. Tenemos todo tipo de miedos acerca de ser pisoteados por los demás. Nos preocupa que nadie nos aprecie. Nos resulta difícil renunciar a nuestro estatus. Probablemente nos perderemos cosas que podrían haber sido nuestras si hubiéramos sido un poco más insistentes. Descubriremos que nuestros derechos nos gritan y nos dicen cuánto merecemos ser apreciados y cuánto tenemos derecho a estar en el frente. Descubriremos que la cultura nos dice constantemente que merecemos tenerlo todo. Tal vez el frente de la fila en realidad te parezca muy atractivo.

Podría ayudar considerar dónde te encuentras en lo que respecta a tus celos hacia los demás. ¿Con quién estás compitiendo en particular? Puede ser muy estresante compararse constantemente con las personas y tratar de salir adelante. ¿Alguna vez te sientes un poco satisfecho cuando oyes hablar de otro cristiano que ha fracasado? Sé que nunca lo diríamos en voz alta, pero estos pensamientos pueden acecharnos fácilmente.

Si ocupas una posición de liderazgo dentro de la iglesia, probablemente encontrarás que esto es una batalla. Sentirás un deseo de impresionar a la gente desplegando todos tus dones. Sin embargo, nuestros dones han sido concedidos para servir a los demás, no para promovernos a nosotros mismos.

¡LO SIENTO!

Se necesita humildad para admitir que estás equivocado y se necesita humildad para decir que lo sientes. Tómate el tiempo para confesar el pecado que descubriste en el primer paso.

Tal vez el contraste de Santiago y Juan con el ciego Bartimeo nos ayude. Santiago y Juan no podían percibir su necesidad desesperada, sino que solo podían ver lo que pensaban que merecían. Bartimeo, a pesar de su ceguera, vio todo más claramente. Él no estaba pidiendo basado en su mérito. Estaba solicitando misericordia.

Le estaba pidiendo a Jesús que se apiadara de él en medio de su terrible necesidad, y Jesús se detuvo.

Esto sigue siendo cierto hoy en día. Cualquiera que conozca su necesidad desesperada y clame a Jesús para obtener misericordia, nunca será ignorado. Él se detiene para servirles.

El grito de Bartimeo puede convertirse en nuestro grito: «¡Jesús, Hijo de David, ten compasión de mí!».

Antes de que podamos ir al final de la fila y servir a los demás, tenemos que ver cómo Jesús fue al final de la fila para servirnos.

Confiésale tu pecado ahora y bebe profundamente de su misericordia. Cuando sentimos cuán lastimados estamos y cuán poco merecemos, es entonces que Jesús nos llama al frente.

¡AYÚDAME, POR FAVOR!

El poder para ser completamente humildes y gentiles no reside en nosotros. El que nos ordena ser humildes es el que nos permite vivir esa experiencia.

En la Biblia, en el libro de Santiago 3:13-18, leemos sobre dos tipos de sabiduría. La primera es terrenal y se describe como «envidias amargas y rivalidades en el corazón» (v. 14). Esa es la sabiduría que viola la fila y quiere llegar al frente. Sin embargo, la segunda sabiduría viene del cielo. Es «pura, y además pacífica, bondadosa, dócil, llena de compasión y de buenos frutos, imparcial y sincera (v. 17). Esto es humildad, la humildad que proviene de la sabiduría (v. 13).

Observa que esta sabiduría viene del cielo y no de la tierra. Si vamos a hacer algún progreso en esta área, necesitamos esta sabiduría celestial. Si la humildad viene del cielo, entonces realmente necesitamos pedirla. Este es uno de los buenos regalos que a Dios le gusta dar. Él nos da el poder por medio de su Espíritu Santo para vivir en humildad.

¿Por qué no detenerse y pedirle a Dios humildad ahora mismo? Pregúntale sobre situaciones o personas específicas con las que te resulte difícil ser humilde. Pídele que te ayude a amar para servir a los demás.

¡ADELANTE!

La humildad es más que una actitud, es una acción que debe ser practicada. Así que empieza a actuar. En lugar de competir con las personas, encuentra maneras de animar a otros e impulsarlos delante de ti. En lugar de menospreciar a la gente, haz el primer movimiento para ir y servir a alguien. No tienes nada que probar. El Rey del universo te ha servido.

Cultiva una actitud de humildad. Tal vez cuando estés conduciendo o haciendo compras, sé alguien que deja a los demás pasar adelante, y cuando lo hagas recuerda que actúas así porque Cristo te sirvió.

En tu lugar de trabajo, donde la competencia a menudo puede ser desenfrenada, sé el que sirva y deja que los demás reciban la alabanza.

Y no importa cuán atrás vayas, nunca te encontrarás yendo más lejos que Jesús.

El que quiera hacerse grande entre ustedes deberá ser su servidor, y el que quiera ser el primero deberá ser esclavo de todos. Porque ni aun el Hijo del hombre vino para que le sirvan, sino para servir y para dar su vida en rescate por muchos. (Marcos 10:43-45)

11

HUYE

Huir del peligro es un instinto humano básico. Por eso, precisamente a los seis años, yo estaba de pie sobre una mesa de picnic en medio del campo.

Lo que había comenzado como un simple juego de fútbol dio un giro terrible cuando un enorme y salvaje perro entró en el campo. Aún recuerdo el pánico cuando el perro me observó fijamente, enseñó sus dientes y corrió directo hacia mí. Me sentí aterrorizado, pero sabía que no podía escapar, así que salté a una mesa de pícnic cercana. En ese momento el dueño dijo esas palabras inmortales: «Solo está siendo amistoso». Yo estaba seguro de que nuestras definiciones de «amistoso» no eran las mismas, y por eso lancé un suspiro de alivio cuando se llevaron al perturbado animal.

Cuando se presentó el peligro, no pasé mucho tiempo considerando los méritos de las diversas opciones que se me ofrecían. Simplemente corrí.

HUYE DEL PECADO

Hay varios textos en la Biblia en los que se nos ordena huir del pecado. Debemos huir de la inmoralidad sexual (1 Corintios 6:18), de la idolatría (1 Corintios 10:14) y de los malos deseos de la juventud (2 Timoteo 2:22).

Encontramos una idea similar en otros pasajes. Jesús habla de tratar al pecado sin piedad cuando dice: «Si tu mano te hace pecar, córtatela» (Marcos 9:43). El apóstol Pablo habla de darle muerte al pecado (Romanos 8:13 y Colosenses 3:5).

Estos versículos dejan claro que el pecado es un enemigo peligroso y mortal con el que no se debe jugar. Eso no es algo difícil. Incluso los niños de seis años saben que se supone que deben huir del peligro. En ese sentido, la orden de huir del pecado debería ser la cosa más natural del mundo.

Sin embargo, no lo es.

A pesar del peligro, en lugar de huir, demasiado a menudo nos sentimos atraídos por el pecado. Las mismas cosas que sabemos que están mal son las que encontramos totalmente cautivadoras. No vemos el peligro.

Huir de algo peligroso es fácil y obvio. No hay ningún problema.

Huir de algo inofensivo es más difícil de lograr, pero podría hacerse.

No obstante, huir de algo que nos atrae profundamente es imposible.

Aquí está la esencia de nuestro problema. El pecado no solo es peligroso, sino que también es muy atractivo para nosotros. Eso hace que la orden de huir del pecado sea imposible de obedecer.

ESTOY CANSADO

Supongo que la batalla constante con el pecado te resulta muy agotadora. A mí también. Sigo cometiendo los mismos errores todo el tiempo. Nos hallamos de nuevo en el mismo lugar una y otra vez, y nos sentimos completamente inútiles. A veces esto nos hace preguntarnos si tan siquiera somos cristianos. Sabemos que lo que hacemos está mal, sabemos que tenemos que parar, lo hemos intentado una y otra vez, pero no pasa nada.

Esto es lo que la gente a veces llama nuestro «pecado mascota». O, para usar el lenguaje de este libro, todos tenemos nuestros «pecados imposibles» particulares. Hemos perdido la esperanza de ver cambiar esos pecados particulares alguna vez. Simplemente no podemos hacerlo.

Tenemos que empezar por enfrentarnos a la realidad de con qué estamos luchando. No debemos subestimar el pecado.

Si te sientes desesperado, por favor, no te rindas. Recuerda esto:

Para los hombres es imposible [...] pero no para Dios; de hecho, para Dios todo es posible. (Marcos 10:27)

No será fácil, pero, debido a que Jesús murió y resucitó, al final su poder vencerá.

En este capítulo, Dios puede ayudarnos a volver a empezar.

CONOCE AL ENEMIGO

El primer bebé humano que nació fue un niño llamado Caín. Puedes imaginar a sus padres mirando a ese hermoso bebé y preguntándose en qué se convertiría. La realidad de la historia no es tan bella, ya que ese pequeño niño creció para ser un asesino.

Caín sintió celos de su hermano menor, Abel. Ambos habían ofrecido sacrificios. Abel ofreció su regalo con un corazón lleno de gozosa dependencia de Dios. Esa fe hizo que Dios mirara a Abel con favor (a través de toda la Biblia, la fe siempre agrada a Dios). Sin embargo, Caín ofreció su regalo con un corazón equivocado. Esto es lo que Dios le dijo:

> *Si hicieras lo bueno, podrías andar con la frente en alto. Pero, si haces lo malo, el pecado te acecha, como una fiera lista para atraparte. No obstante, tú puedes dominarlo.* (Génesis 4:7)

Acechando. Listo para atraparte. Como un animal salvaje y rugiente que quiere hincarte el diente. Esta es una de las primeras formas en que la Biblia nos presenta al pecado. Se personifica como una fuerza que tiene toda una gama de deseos e intenciones de hacernos daño.

El pecado no es simplemente las cosas malas que hacemos o las decisiones que tomamos. Podemos fácilmente trivializar el pecado y no ver la realidad del enemigo. El pecado es un poder que se agazapa cerca de nosotros buscando cualquier oportunidad para atacar. Hay una «ley del pecado» que desea ejercer su dominio en nuestras vidas (Romanos 7:23). Este aprovecha cada oportunidad que encuentra para tomar el control de nuestras vidas.

El pecado es una ley que exige mi obediencia. Hace la guerra contra cualquier deseo bueno que yo pueda tener. Me ofrece constantemente recompensas si obedezco (placer, éxito, satisfacción, felicidad) y amenazas si no lo hago (pérdida, miseria, fracaso).

Esta es la batalla que la Biblia dice que se libra en nosotros. No hay ninguna buena intención que se filtre hasta nuestra mente que no se oponga de inmediato al poder del pecado que actúa en nosotros.

Le doy dinero a un vagabundo; luego me pregunto enseguida si alguien vio mi buena acción. Felicito a un colega de trabajo por ganar un premio; luego socavo su éxito bromeando sobre ello. Incluso cuando quiero hacer el bien, mi pecaminoso corazón está dispuesto a estropearlo todo.

DESAFÍA LA LEY DE LA GRAVEDAD

Piensa en la gravedad. Es un poder que opera continuamente en mi cuerpo; es una ley que exige mi obediencia y frustra mi ambición de volar desde hace mucho tiempo. Cualquier intento de volar se opone de inmediato a la fuerza de la gravedad que sigue tirando de mí hacia abajo. Cada vez que salto, la gravedad interviene y dice: «Ya es suficiente», mientras me devuelve a la tierra con un golpe. No importa lo fuerte que agite mis brazos, simplemente no vuelo.

Por supuesto, si elijo abandonar mi deseo de volar, entonces la batalla se detiene y solo vivo como un prisionero de la gravedad. No hay más lucha.

Lo mismo ocurre con el pecado. Cada vez que trato de saltar y obedecer a Dios de alguna manera, la ley del pecado entra en acción para arrastrarme de nuevo hacia abajo. Por mucho que intente agitar los brazos y hacer el esfuerzo, no puedo obedecer a Dios sin oposición. Por eso se siente como una batalla constante. Esto explica por qué elegir obedecer a Dios es tan difícil. También explica por qué elegir pecar parece tan fácil. Cuando hago la paz con el pecado y me someto a su gobierno, entonces la guerra termina.

No obstante, el problema radica en que hacer la paz con el pecado es permitir que la muerte gobierne. Fuimos hechos para vivir de acuerdo a la ley de Dios, no a la ley del pecado. Dios es un gobernante amoroso que nos da la vida. El pecado es un amo despiadado que nos paga con la muerte.

Sin embargo, a pesar de todo eso, el pecado sigue siendo muy atractivo.

TENTADO

Los peces encuentran a los gusanos irresistiblemente atractivos, ¿por qué si no, se tragarían un anzuelo filoso? Los ratones encuentran que el queso es magnéticamente poderoso, ¿por qué más pisarían una trampa mortal? Y lo que los gusanos son para los peces y el queso para los ratones, el pecado lo es para nosotros.

La Biblia usa precisamente este tipo de lenguaje para hablar de lo que sucede cuando pecamos. Hay una poderosa dinámica en funcionamiento que realmente debemos entender. Por ejemplo, el libro de Santiago lo describe así.

> *Cada uno es tentado cuando sus propios malos deseos lo arrastran y seducen. Luego, cuando el deseo ha concebido, engendra el pecado; y el pecado, una vez que ha sido consumado, da a luz la muerte.* (Santiago 1:14-15)

El pecado tiene un enorme poder de atracción. Tira de nosotros y nos arrastra.

Imagina que un día hago un experimento con mis hijos. Pongo a uno de ellos en una habitación y al otro lado de la misma coloco una mesa llena de dulces. Entonces le doy una orden. Es muy clara y simple. «No debes comerte los dulces».

Salgo de la habitación y cierro la puerta. ¿Qué pasa después? ¿Hacia dónde está mirando mi hijo? Sus ojos están fijos en la mesa. No hay duda alguna. De hecho, si pudiéramos ver una grabación, notaríamos todo su cuerpo inclinado hacia la mesa. Los dulces están tirando de él. Acercaría más su silla mientras los dulces lo arrastran. Pronto estaría junto a la mesa y moviendo los dulces de un lado a otro (nunca dije que no se pudieran tocar). Sería cuestión de minutos antes de que los envoltorios fueran removidos y los dulces devorados.

Él se siente atraído. Es arrastrado. Y pronto desobedece.

Así es exactamente como se siente un pecado en mi vida. Me atrae.

Es imposible que mi hijo huya. Los dulces son demasiado poderosos. Puede que intente desarrollar una estrategia; tal vez se ate a su silla en un intento desesperado por obedecer.

¿Cómo será su experiencia con la obediencia? ¿Gozosa? No. Será miserable. Todavía está mirando la mesa. Todavía anhela los dulces. Todavía los desea.

La batalla se libra al nivel del deseo, no solo al nivel del comportamiento.

Aquí es donde muchos cristianos se encuentran cuando se trata de experimentar la obediencia. Se esfuerzan al máximo para resistir... y entonces ceden a la tentación o se amargan por no haberlo hecho.

El pecado es demasiado atractivo para nosotros. La obediencia gozosa parece estar a un millón de kilómetros de distancia.

UNA MEJOR MANERA

Hay una forma de facilitarle a mi hijo que se resista a comerse los dulces. Solo se necesitaría algo en la habitación que fuera más atractivo. Si la abuela estuviera al otro lado de la habitación, de repente la experiencia de resistirse a los dulces cambiaría completamente.

La abuela «vence» a los dulces. Ella es más atractiva. Ahora mi hijo puede huir de los dulces y correr hacia la abuela, y hacerlo con alegría.

Así es como la Biblia dice que debemos obedecer el mandato de Dios de huir del pecado. Necesitamos un evangelio que pueda vencer al pecado.

Por eso cuando el apóstol Pablo escribió: «Huyan de la inmoralidad sexual» (1 Corintios 6:18), expresó con asombrosa verdad la realidad de lo que somos en Cristo. Considera esto:

> *¿No saben que sus cuerpos son miembros de Cristo mismo? ¿Tomaré acaso los miembros de Cristo para unirlos con una prostituta? ¡Jamás!* (1 Corintios 6:15)

La buena noticia no es solo que Jesús salva nuestras almas. No es solo que perdona nuestros pecados. No es que un día seremos espíritus incorpóreos en el cielo cuando muramos. Es *mucho mejor* que eso.

Tu cuerpo (sí, tu cuerpo físico actual) está unido a Cristo.

CUERPOS SANTOS

A veces nuestra cultura puede reducir nuestros cuerpos al nivel de los deseos que deben ser obedecidos. El pecado nos deja con una visión desfavorable del cuerpo, nos deja frustrados y decepcionados, pero Jesús hace lo contrario. Él le da un valor enorme a nuestros cuerpos humanos. Nuestros cuerpos están unidos a él.

Aquí hay algo más:

¿Acaso no saben que su cuerpo es templo del Espíritu Santo,
quien está en ustedes y al que han recibido de parte de Dios?
(1 Corintios 6:19).

Esto es significativo. Ya lo hemos visto en el capítulo seis. El templo es increíblemente santo.

Sin embargo, ahora se nos dice que nuestros cuerpos son templos. El Espíritu de Dios vive en ti. Dios no se avergüenza de tu cuerpo ni se siente aprensivo, ni decepcionado. Dios ve nuestros cuerpos como hogares adecuados para él.

O considera esto:

Ustedes no son sus propios dueños; fueron comprados por un
precio. Por tanto, honren con su cuerpo a Dios. (1 Corintios
6:19-20)

Has sido comprado: se ha pagado un precio por ti. Jesús dio su cuerpo para comprar el tuyo. Él ya lo ha pagado.

En un mundo que está tan confundido con respecto al cuerpo, y donde tantos encuentran que sus cuerpos son una fuente de profundo dolor y decepción, aquí hay un evangelio con un verdadero poder de atracción.

El pecado ha traído muerte y debilidad a tu cuerpo. Este hace grandes alardes, pero nos deja vacíos. Jesús vino a comprar tu cuerpo para sí mismo, a unirse a tu cuerpo y enviar a su Espíritu a vivir en ti.

LOS CUATRO PASOS

Apliquemos nuestros cuatro pasos a la orden de huir del pecado. Si estás cansado de la batalla, espero que esto te ayude a levantar la cabeza y aprender a luchar con la fuerza de Dios.

¡NO PUEDO!

Recuerda que debemos empezar con la sinceridad, con la voluntad de admitir que el pecado es demasiado poderoso para que lo superemos solos.

Podemos cometer el mismo error todo el tiempo. Creemos que podemos dejar de pecar si nos esforzamos lo suficiente. Pensamos que, si agitamos los brazos y nos esforzamos bastante, podremos liberarnos del poder del pecado.

Sin embargo, necesitamos ser un poco más honestos con respecto al pecado. Se trata de un enemigo poderoso, atractivo y no tenemos poder para derrotarlo. Cuando agitamos los brazos e intentamos volar, es inútil.

¿Cuáles son los pecados a los que te encuentras volviendo una y otra vez? ¿Qué tiene ese pecado en particular que te afecta? ¿Qué es lo que ofrece?

¿Cómo sientes tu impotencia en esta área? ¿De qué manera has tratado de vencerlo por tu cuenta? (¡por ejemplo, atándote a esa silla!).

Tómate el tiempo para ser franco contigo mismo sobre esto antes de pasar a la siguiente etapa.

¡LO SIENTO!

No somos solo víctimas aquí. Descubrimos que el problema es que *amamos* el pecado. Es frustrante que el pecado nos atraiga más que Jesús. Eso evidencia que nuestros corazones están deformados y distorsionados al desear aquello que Dios dice que está mal.

El problema no es simplemente que *hagamos* cosas malas. Es que *amamos* las cosas malas. Ellas tiran de nuestros corazones.

Aprender a confesar las cosas malas que amamos, y no solo las cosas malas que hacemos, es esencial para que crezcamos en la obediencia. El problema se encuentra en el nivel de nuestros deseos, y tenemos que permitir que el Espíritu Santo nos muestre lo que realmente amamos.

A veces, la razón por la que no avanzamos en la lucha contra el pecado es que trivializamos el problema y permitimos que se quede en el nivel de nuestro comportamiento. Si deseo cometer adulterio, pero no actúo en consecuencia, entonces podríamos decir que no es algo tan malo. No obstante, Jesús dice que el *deseo* es el problema.

Aprender a confesar cuánto amamos el pecado resulta doloroso, pero es así que podemos hacer un trabajo profundo.

Tu cuerpo fue comprado a un precio. Déjame explicarte el precio para que puedas disfrutarlo de nuevo:

Jesús, el eterno Hijo de Dios, se hizo hombre. Él tenía un cuerpo real. Cuando se convirtió en un bebé, entró en este mundo de pecado. Sintió la atracción del pecado y fue tentado en todos los sentidos (Hebreos 4:15). La ley del pecado trató de ejercer su dominio sobre él. Experimentó la batalla, pero siempre amó a su Padre más que al pecado.

Cada día, Jesús eligió la obediencia a la ley de Dios en lugar de la obediencia a la ley del pecado. Eso es algo notable. Lo hizo por nosotros.

Luego, en la cruz, Jesús eligió ofrecerse en nuestro lugar. Él pagó el precio. Por todas las veces que hemos amado y perseguido el pecado, merecemos la muerte; pero Jesús ya pagó el precio por completo. Él experimentó toda la fuerza del pecado y de la justa ira de Dios hacia el pecado.

Todo tu pecado y todo tu amor por el pecado han sido pagados en su totalidad. Están perdonados. Esta es una verdad maravillosa que todo cristiano puede disfrutar.

¡AYÚDAME, POR FAVOR!

Cuando Dios nos ordena huir del pecado, esa orden va acompañada del poder para provocar ese cambio.

Si vamos a escapar del poder de la ley de la gravedad, necesitamos un cohete más poderoso que la gravedad que nos ayude a despegar. Si vamos a escapar del poder del pecado, necesitamos un cohete más poderoso que el pecado que nos haga despegar. Jesús es ese cohete.

Cuando Jesús resucitó de la muerte, su relación con el pecado cambió completamente. La batalla había terminado. Romanos 6:10 dice que «en cuanto a su muerte, murió al pecado una vez y para siempre». En la resurrección, Jesús se ha abierto camino para librarse del poder del pecado por toda la eternidad. Él ya no es tentado por el pecado nunca más.

Si confiamos en Jesús, entonces estamos unidos a él y podemos conocer ese mismo poder ayudándonos en nuestra batalla.

Nosotros aún no hemos experimentado la resurrección final y la derrota completa del pecado. Todavía sentimos la atracción y todavía experimentamos la batalla, pero podemos avanzar a través de esa atracción debido a que Jesús ha resucitado.

Pídele a Dios que, a través de su Espíritu, te dé el poder para huir del pecado. Pídele que cambie tus deseos. Hay un gran himno antiguo, «Love Divine, all love excelling» [Solo excelso, amor divino], que incluye una línea que capta esta idea perfectamente:

Quítame el amor al pecado.

¡Qué oración! Así es como se pide ayuda.

¡ADELANTE!

Al pedirle ayuda a Dios, tenemos que empezar a tomar medidas radicales. Huir no es una actividad pasiva que simplemente ocurre. Necesitamos empezar a huir.

¿El problema es tu teléfono? ¿Tu computadora? ¿Una relación de coqueteo en el trabajo? ¿Un lugar al que vas? ¿La cultura de beber después del trabajo? Jesús te ordena que encuentres formas de huir de estas cosas.

¿Cuántas veces nos engañamos pensando que podemos manejarlo y que no será un problema? La orden es huir, no quedarse y esperar que todo vaya bien.

Piensa todos los días en la idea de que el pecado está agazapado en tu puerta y buscando aprovechar cualquier oportunidad que pueda encontrar para hacerte retroceder. Ciérrale la puerta en la cara al pecado. Corta las oportunidades de pecar. El evangelio es muy bueno y el pecado es un gran mentiroso. Por el amor de Dios, haz algo.

Hay una batalla de toda la vida por delante. Por favor, no pienses que va a ser fácil, pero hay gran gozo en la batalla por la obediencia. Y en los días en que fallas, ahí está Jesús, listo para perdonarte, levantarte y ayudarte a intentarlo de nuevo.

Huyan de la inmoralidad sexual. (1 Corintios 6:18)

Huyan de la idolatría. (1 Corintios 10:14)

Hagan morir todo lo que es propio de la naturaleza terrenal. (Colosenses 3:5)

Conclusión:
Obediencia gozosa

Me encanta caminar por Striding Edge en el Distrito de los Lagos, Inglaterra. Es un lugar hermoso, pero también un poco precario. Hay un camino estrecho, con una caída empinada a cada lado. Una pequeña desviación a la izquierda o a la derecha y el desastre aguarda.

Andar por el camino de la obediencia puede ser un poco parecido a eso. A un lado está la empinada pendiente de la *obediencia carente de gozo*. A esto a menudo podría llamársele «legalismo». El mismo enfatiza la obediencia de una manera que se siente como una carga aplastante. El legalismo dice que es nuestra responsabilidad obedecer los mandamientos de Dios y tenemos que trabajar duro. Nos conduce al orgullo y la autojustificación cuando las cosas están bien; pero a la vergüenza y la desesperación cuando fallamos. Hay poca gracia ahí.

No obstante, si tropiezas hacia el otro costado, puedes caer fácilmente por la pendiente hacia una *desobediencia negligente*. En este lado de la montaña permitimos que el mensaje de la gracia de Dios nos lleve a la conclusión de que nuestra obediencia no es realmente tan importante. Así que está bien si puedes obedecer un poco, pero no te sientas mal. No te preocupes por el pecado, porque Jesús te ha perdonado y te ama de todas formas.

Cada uno de nosotros tenderá a caer en uno de estos errores. Algunos incluso caeremos hacia un costado un día y luego hacia el otro al día siguiente. Muchas iglesias también tienen una tendencia hacia uno de estos errores. Debemos estar constantemente alertas a ambos peligros y en su lugar buscar seguir el camino a lo largo de la cima de la montaña.

Ese es el camino que hemos tratado de explorar en este libro. Es el camino de la *obediencia gozosa*. Este camino considera los mandamientos de Dios muy en serio, pero también se deleita en la gracia y el perdón de Dios cuando fallamos.

Me doy cuenta de que hay mucho más que decir sobre este tema de la obediencia. Hay preguntas complejas sobre cómo se relacionan las leyes del Antiguo Testamento con los cristianos de hoy. Hay tesoros maravillosos que se encuentran en nuestra unión con Cristo y en el camino que conforma nuestra comprensión de la obediencia. Necesitarás leer otros libros sobre este tema si quieres explorarlos más, así que he enumerado algunos en la página de libros sugeridos al final.

Sin embargo, en este libro he intentado centrarme deliberadamente en un aspecto de nuestra obediencia, a saber, la realidad de obedecer a Dios por medio de la fe en él en lugar de la confianza en nosotros mismos.

Sabrás que estás recorriendo este camino cuando seas sincero, lo lamentes, dependas de su gracia y estés listo para tomar medidas. Será un camino duro pero profundamente gozoso que recorrer.

Este es un paseo para toda la vida. He encontrado este libro bastante difícil de escribir, ya que me he enfrentado una y otra vez a mi propia necesidad de aprender estas lecciones. No obstante, me siento esperanzado y optimista. Incluso frente a repetidos fracasos, hay poder para progresar. Esa es la vida que anhelo vivir.

EL MANDAMIENTO MÁS IMPORTANTE

Cuando se le preguntó a Jesús sobre el mandamiento principal, él dio esta respuesta:

> —El más importante es: «Oye, Israel. El Señor nuestro Dios es el único Señor —contestó Jesús—. Ama al Señor tu Dios con todo tu corazón, con toda tu alma, con toda tu mente y con todas tus fuerzas». El segundo es: «Ama a tu prójimo como a ti mismo». No hay otro mandamiento más importante que estos. (Marcos 12:29-31)

Todo se reduce a esto. Son dos mandamientos que lo resumen todo: amar a Dios y amar al prójimo.

Sin embargo, Jesús no solo *dio* estos dos mandamientos, también los *llevó*. Él amó perfectamente a Dios y a su prójimo. Jesús vivió una vida de obediencia perfecta. Aunque esto es imposible para nosotros, no lo fue para él. Y la vivió a cada momento de cada día. Su obediencia fue completa, incluso hasta la muerte en la cruz.

Nuestra esperanza descansa en su obediencia perfecta. Su muerte obediente nos salva del castigo que merecemos.

Pero no solo eso. Su perfecta obediencia es también esencial para nuestra vida de obediencia. Jesús la ha vivido y, al confiar en él, descubrimos el poder para vivirla también nosotros.

En este libro hemos considerado algunos de los mandamientos que encontramos en la Biblia. No son mandamientos fáciles. En realidad, son mandamientos imposibles. No obstante, si te encuentras comenzando a hundirte en la desesperación, por favor, recuerda que Jesús es nuestra esperanza. Deja que tu frustración y tu decepción te lleven de vuelta a él. Sin él no haremos ningún progreso.

Este libro no habrá cumplido su propósito si has llegado al final y te sientes abatido. Por favor, ten presente que el objetivo es la obediencia gozosa, humilde y con el poder del Espíritu.

EL HOMBRE PERFECTO

Y recuerda, este es el camino que Jesús recorrió perfectamente. Él experimentó esta vida imposible. Solo él guardó cada uno de los buenos mandamientos de Dios. Solo él ha llevó la vida de obediencia gozosa y perfecta. Solo él enfrentó la tentación y ganó la batalla cada vez. Solo él trató con el castigo que nuestro pecado merece. Y solo él destruyó el poder del pecado por nosotros.

La esperanza se eleva en nuestro interior al ver que Jesús es nuestro Rey que va delante de nosotros en la batalla. Nuestros fracasos ya no necesitan condenarnos. Nuestra debilidad ya no necesita abrumarnos. Nuestros miedos ya no necesitan aterrorizarnos. Y nuestro pecado ya no necesita gobernarnos.

Cuando sientas que la desesperación, la culpa o la duda se levantan dentro de ti, no las ignores esperando que desaparezcan. Y no permitas que te dominen y te definan. Al contrario, permite que te lleven a Jesús. Solo él es tu esperanza. Jesús tiene el poder de ayudarte a cambiar.

Así que la próxima vez que estés leyendo tu Biblia o sentado en la iglesia o escuchando un pódcast cristiano, y aparezca un mandamiento que te haga pensar: «¡Eso es imposible!», no te excuses, ni trates de redefinir el mandamiento, lo ignores ni te sientas abatido.

En cambio, mira a Jesús. Él ya ha obedecido esa orden por ti. Su muerte ha pagado tu perdón. Su obediencia se ha contado como tu obediencia. No tienes nada que demuestre que ya tienes razón ante los ojos de Dios.

En vez de eso, di: «Sí, es imposible. ¡No puedo! ¡Lo siento! ¡Ayúdame, por favor! ¡Adelante!».

LIBROS ÚTILES

Aquí hay algunos libros que te ayudarán a reflexionar sobre cómo se ve en la práctica desarrollar una vida de gozosa obediencia:

- *El enemigo que llevamos dentro* de Kris Lundgaard (publicado por Editorial Eternidad)
- *Tú puedes cambiar* de Tim Chester (publicado por Andamio)
- *No tendrás sed jamás* de Steve Hoppe (publicado por Editorial Portavoz)